STÉNOGRAPHIE DES COURS

DES DIVERSES

FACULTÉS DE PARIS.

4e Livraison. M. Rossi (Économie polit.)

PARIS.
EBRARD ET Cie., ÉDITEURS,
Rue des Mathurins St-Jacques, 24.
1836.

STÉNOGRAPHIE DES COURS.

SEMESTRE D'ÉTÉ.

ANNÉE SCOLAIRE 1835—1836.

COURS D'ÉCONOMIE POLITIQUE.

M. ROSSI, PROFESSEUR.

PREMIÈRE LEÇON.

15 avril 1836.

Messieurs, dans le précédent semestre, nous avons cherché à connaître les phénomènes de la production de la richesse; nous avons cherché à en indiquer les phases principales, à en connaître les instrumens, à en apprendre les causes, soit directes, soit indirectes; nous avons étudié les obstacles qui pouvaient en arrêter le cours, en regard des circonstances qui pouvaient en accroître le développement.

Nous devons, Messieurs, aborder une matière plus difficile encore, je veux dire la distribution qui se fait, de toute la richesse, à la production de laquelle nous avons en quelque sorte assisté.

La richesse se produit par trois agens: la terre, les capitaux et le travail. Ces trois agens nous donnent la richesse; mais quand je dis, nous la donnent, à qui véritablement la donnent-ils? Comment, en d'autres termes, la chose produite, en suivant le cours naturel des choses, se distribue-t-elle entre ceux qui la produisent, entre ceux qui coopèrent directement ou indirectement à sa production ?

Voilà, Messieurs, les termes du problème économique que nous posons aujourd'hui devant vous. Car, il ne faut pas s'y tromper, nous ne cherchons pas ici les lois de la *distribution des richesses* sous d'autres points de vue. Ainsi nous ne demandons pas comment dans certains cas, il pourrait être juste et équitable de distribuer telle ou telle portion de la richesse; comment, dans des vues gouvernementales ou autres, le législateur pourrait dans certains cas intervenir pour distribuer la propriété foncière, ou telle partie de la richesse? Quand l'économiste annonce qu'il va traiter de la distribution des richesses, ce n'est pas une raison pour qu'il doive aborder des questions qui sont plutôt des questions de morale, de législation, de politique, que des questions d'économie; ce qu'il se propose, c'est d'examiner les faits généraux, et de dire : Voilà comment les choses se passent. La terre, les capitaux, le travail étant donnés, si rien n'intervertit le cours naturel des choses, voilà ce qui arrivera de la distribution des richesses, voilà ce qui adviendra dans telle ou telle circonstance; encore une fois, n'oublions pas que nous sommes ici pour résoudre un problème d'économie politique.

Ce problème économique, je viens de le poser dans ses termes simples et vrais; or, vous le savez, les produits des richesses sont de trois sortes: produits de la terre, produits des capitaux, produits du travail, et c'est sous ces trois rapports, de la terre, du capital et du travail, que nous devons considérer la distribution des richesses.

Sous ces trois expressions générales, tout est compris; ainsi demander comment la richesse se distribue, c'est demander comment les choses produites se distribuent entre ces trois producteurs directs, le propriétaire foncier, le capitaliste et l'ouvrier.

Cependant, Messieurs, nous vous avons fait remarquer que, parmi les producteurs indirects, il y en avait un qui jouait, quoique indirectement, un grand rôle dans le phénomène de la production; c'est le gouvernement, le pouvoir social. Il est producteur *indirect*, avons-nous dit, mais son intervention dans le phénomène de la production n'en est pas moins importante, car s'il venait à être supprimé, la production serait impossible, parce que son action satisfait aux besoins de sécurité et de liberté. Ce travail gouvernemental ne peut s'obtenir sans frais ni rétribution; il participe donc au produit à titre de producteur indirect, et la part de rétribution qui lui appartient lui est allouée sous le nom et la forme de l'impôt. Toutefois, une différence capitale distingue cette *allouance*, pour me servir d'un terme consacré, des autres allouances. Les allouances aux propriétaires fonciers, aux capitalistes, aux travailleurs, sont déterminées par la nature des choses, par les prix du marché, sans contrainte ni coaction. Le pouvoir social, au contraire, exige la portion qui lui revient; c'est à titre de producteur indirect qu'elle lui est allouée; et il détermine la forme sous laquelle il sera payé, le temps, les conditions de ce paiement; en sorte que l'on sort de la sphère des transactions libres pour entrer dans celle des transactions forcées. Aussi l'impôt constitue une branche particulière de la science, devient une science même; et c'est pour cela qu'il n'est pas indifférent qu'il soit réparti sous telle ou telle forme, à tel ou tel taux, sur certaines données, sur certaines propriétés, sur certaines classes plutôt que sur certaines autres; mais ici, l'économie politique interviendra, non pour examiner ce taux, cette forme, toutes ces catégories, mais pour examiner quel est le résultat demandé de telle ou telle façon, à telle ou telle classe; pour dire si tel impôt demandé à telle autre classe, serait plus ou moins profitable à la société. L'économie politique demande à la politique de ne pas employer telle ou telle forme nuisible à la richesse nationale.

Cette explication préliminaire une fois donnée, j'entre en matière.

Nous commençons donc à examiner la grande question de la distribution des richesses; nous nous occuperons: 1° des producteurs directs; 2° de la rétribution connue sous les noms divers d'impôt, taxes, etc.

Les propriétaires de terres, les travailleurs, les capitalistes, voilà, je le répète, les trois classes de producteurs directs. Les propriétaires ne participent à la production qu'en temps qu'elle est agricole ou quasi-agricole; je commence donc par traiter de la distribution des richesses par rapport aux propriétaires fonciers; c'est là le phénomène le plus complexe, et je commence par poser cette question : Quelle est la part de produit qui revient au propriétaire de la terre? et comment cette part de produit est-elle déterminée? Par quels faits, dans quelles circonstances? C'est dire en d'autres termes que nous allons examiner ce que les Anglais appellent *rent*, en français rente ou fermage, qui est un mot équivoque, incomplet. Pour moi, je traduirai le mot *rent*, par *rente territoriale*, et j'entends par rente territoriale, la part de produit qui appartient au propriétaire foncier, uniquement en qualité de propriétaire, et nullement en qualité, soit de travailleur, soit de capitaliste, s'il travaille lui-même sa terre ou s'il y met un capital.

A cet effet, je suppose un propriétaire foncier qui a des terres en friche, et qui les donne à exploiter à un capitaliste qui y appelle des travailleurs : voilà le problème dans toute sa simplicité. Je suppose que la terre est en friche, et que le propriétaire n'a pas exposé un sou pour l'améliorer; il n'a donné que la terre. Quelle sera la portion de produit qui lui reviendra en qualité de propriétaire foncier.

Eh bien ! c'est la recherche qu'on a le plus approfondie dans ces derniers temps, c'est même là le plus grand titre des économistes qui ont travaillé après Smith; et cependant cette belle théorie de la rente territoriale est encore pleine d'erreurs, de phraséologie et de fautes de doctrine que nous devons chercher à éviter.

Je procède par analyse, partant du fait le plus simple. Je me représente, Messieurs, une petite colonie s'établissant dans un pays tout à fait neuf, où le terrain est complètement en friche. La petite colonie arrive, l'esprit social l'anime; chacun obtient ou prend une portion de terre, ce sera à peu près la portion qu'il pourra exploiter, un peu plus peut-être, parce que l'homme est toujours ambitieux.

On limite les propriétés; il y a un pouvoir social qui fixe les droits de chacun, et protége l'établissement, voilà tout. Alors vous avez des propriétaires cultivateurs, des propriétaires qui cultivent eux-mêmes; mais la nature humaine ayant accordé aux uns plus d'intelligence, plus d'activité qu'aux autres; les uns ne récoltent presque rien, et les autres amassent de grandes richesses de produits. Avec l'aisance, la population augmentant, les produits sont échangés contre des capitaux, qui s'accumuleront ainsi dans quelques mains. La colonie grandira en population et enrichesse, et le jour viendra où le père de famille divisera ainsi ses biens entre ses enfans : il donnera à l'un les capitaux, fruits de la production antérieure, à l'autre la terre. L'enfant à qui on a donné des capitaux voudra aussi avoir sa terre; et je suppose qu'il y ait, à côté des terres exploitées par la colonie, des terres aussi bonnes que celles occupées; il prendra les terres vacantes et n'ira pas payer un fermage : on ne paie pas ce que l'on peut avoir pour rien, ou à peu près pour rien, comme l'air et le soleil, qui n'ont pas de valeur d'échange, mais qui peuvent en avoir accidentellement, comme pour l'établissement d'un moulin-à-vent, etc. Aussi le jeune capitaliste qui trouve des terres vacantes aussi bonnes que celles exploitées, prendra les premières au lieu d'acheter les secondes.

Il se peut cependant qu'il prenne une terre à ferme; mais c'est parce que la terre cultivée a des propriétés plus fécondantes que les terres en friche. Il paiera donc quelque chose, mais non pour la terre; il paiera pour la portion de capitaux déjà *incorporée* à la terre. Distinction essentielle! car si nous la perdions de vue, toute la question serait obscurcie.

Maintenant, je suppose que tous les terrains à la portée du colon soient occupés, cultivés et exploités, soient devenus propriété particulière, et que la population ait augmenté, que les capitaux soient accumulés. Il arrivera des capitalistes qui voudront employer leurs capitaux dans des exploitations agricoles, et affermer des terres dans ce but ordinaire des capitalistes? Ils chercheront à retirer de cet emploi de leurs capitaux le taux commun de l'intérêt dans le pays, plus le prix du travail des ouvriers qu'ils devront employer. Ainsi, je suppose que les capitaux rapportent dix pour cent, ils demanderont que la terre leur puisse rapporter aussi dix pour cent, plus le prix du salaire des ouvriers, sans cela ils porteront ailleurs leurs capitaux.

Maintenant y aura-t-il une rente pour le propriétaire foncier, et je m'éloigne ici de l'école anglaise. Je suppose toutes les terres également fertiles; c'est une hypothèse qui n'est jamais vraie; mais c'est une simple hypothèse, et je demande: y aura-t-il une rente pour le propriétaire?... Je ne parle pas ici de la rente du capital incorporé à sa terre, je parle abstraction faite de ce capital.

Je dis que le taux de la rente soit A
Le prix du salaire B
Cette terre d'une telle dimension donne un produit C

Ce produit C, vu les circonstances du marché, sera = à quoi?.... Je dis que si le produit C n'est = qu'à A + B, il n'y aura point de rente pour le propriétaire. Mais si, au contraire, vu les circonstances du marché, le produit C est > A + B, soit D la différence, il y aura, pour le propriétaire, une rente = D, puisque D + A + B = C produit de la terre.

En effet, je suppose que toutes les terres travaillées ne produisent absolument que le prix du capital et du travail; si le propriétaire demande une rente, qui la lui donnera? Personne. Quel fermier paiera la rente d'une terre dont le produit égale juste le prix des salaires et l'intérêt de l'argent qu'il a mis dans l'exploitation? Aucun. Si le propriétaire l'exige, le fermier se retirera pour faire autre chose.

Je sais bien que ce principe met le taux de l'intérêt des propriétés foncières au-dessous de celui des autres espèces de capitaux; mais n'en est-il pas ainsi pour le travailleur comme pour le propriétaire? c'est que l'élément de la sécurité est aussi à mettre en ligne de compte. Si un ouvrier gagne six francs par jour dans une industrie paisible et sans danger, et qu'un autre gagne dix francs, mais dans un travail pénible, dangereux; croyez-vous qu'il n'y ait pas au moins égalité? Les gages sont en réalité les mêmes pour celui qui met une somme de travail rapportant trente ou quarante sous, et pour celui qui met une portion de travail et en quelque sorte une portion de son existence, et gagne cinq francs. Ainsi, qu'on ne nous parle pas de l'*égalité* des salaires, ce serait une monstrueuse *inégalité*. C'est ainsi que, quand ils trouvent des exploitations territoriales qui peuvent produire à peu près le taux de l'argent, les capitalistes préfèrent l'industrie territoriale à tout autre, parce qu'elle est plus sûre.

Pour revenir à notre hypothèse, dans le premier cas, il n'y a pas de rente; et quand nous disons qu'il n'y a pas de rente, vous savez bien que nous ne parlons pas algèbre, mais économie politique; il y en a presque toujours une minime. Comme, par exemple, en Amérique, on a donné un arpent de terre en toute propriété pour cinq dollards. Et si, simplifiant le problème nous plaçons notre colonie dans une île sans communication ni moyens d'échange avec l'extérieur, nous verrons au bout d'un certain temps la population devenir trop considérable, le blé proportionnément moins abondant, l'augmentation des capitaux; et à moins de guerres, la population augmentant, vous aurez comme conséquence diminution des salaires, augmentation du prix du blé, baisse du taux des capitaux. Si l'année dernière le blé valait sept francs, il vaudra cette année deux fois sept francs; et si le salaire des ouvriers et le profit des capitalistes diminue, il y aura une rente pour le propriétaire. Car, si la rente de la production est à dix, supposant le profit du capitaliste à cinq francs, et celui des travailleurs à cinq francs, le prix du cours étant dix francs, dès que le propriétaire voudra exiger une rente, les capitaux se retireront pour se porter ailleurs. Mais supposez la vente sur le marché à quinze francs, il y aura cinq francs pour le capitaliste, cinq francs pour le travailleur, cinq francs pour le propriétaire de la terre; et supposez que le salaire baisse encore par l'augmentation de la population, il y aura huit, par exemple, au lieu de cinq pour le propriétaire foncier.

C'est-là le vrai dans la question. Si vous demandez par quelles circonstances le prix du blé augmente; je le répète, il augmente par l'augmentation de la population ou d'autres raisons accidentelles dont nous ne nous occuperons pas ici. En un mot, une terre produit A qu'il faut repartir entre les producteurs; mais si le capitaliste et les travailleurs absorbent A, il ne reste rien pour le propriétaire; et en revanche, moins la terre demande de capitaux et d'ouvriers, plus il reste au propriétaire.

Mais voici maintenant la seconde hypothèse, celle qui a été prise par l'école anglaise. J'ai supposé toutes les terres également fertiles. Je suppose maintenant les terres de diverses qualités. Dans cette hypothèse, je suppose qu'on ne commence l'exploitation que par les meilleures terres, et c'est ainsi que cela se passe ordinairement.

Les agriculteurs diviseront les terres, comme cela se fait, en premières, deuxièmes, troisièmes qualités. Supposons toutes les terres de première qualité exploitées; le produit en a long-temps suffi; mais la population augmentant, le prix du blé augmente aussi. Il arrive que le fermier faisant son compte se dit : les prix ont monté de dix à quinze francs, mes profits sont restés les mêmes, je dois payer au propriétaire soit cinq (par hypothèse) au lieu de huit à neuf francs; mais voici une terre de deuxième qualité, elle demandera plus de travaux et de capitaux; mais, tout compte fait, le produit au cours du marché couvrira ces dépenses, et il me restera encore..... un ou un et demi en sus. Eh bien, le fermier ira auprès du propriétaire et lui dira : voulez-vous diminuer la rente que je vous paie d'un ou d'un et demi. Le propriétaire ne donne pas sa terre à cette condition, et le fermier devient à la fois travailleur et capitaliste sur un terrain de deuxième qualité. Mais la population augmente encore. Et maintenant, comme c'est toujours le cours du marché qui règle le prix et que le cours du marché est réglé par le plus ou moins grand accroissement de la population, voulez-vous me dire ce que c'est que la rente payée au propriétaire? c'est la différence entre la quantité de la production et la population dès que le capitaliste et l'ouvrier ont retiré l'un son salaire et l'autre l'intérêt de son argent.

Une autre circonstance encore peut se présenter, c'est que l'on soit forcé de cultiver les terres de troisième qualité, et que leur produit ne suffise pas encore; le produit des terrains de première qualité grandira de toute la différence du produit du premier au second et du second au troisième. C'est ce qui a induit quelques personnes à dire que la rente des propriétés foncières avait sa source dans la culture des mauvais terrains. Ce fait est inexact; la rente du propriétaire foncier a réellement sa source dans la différence entre la production et la population; mais il est vrai que dans un pays où les terrains de première, deuxième, troisième, quatrième qualités, sont exploités, vous devez dire que les propriétaires des premiers terrains sont riches, très riches, puisque le produit de la culture des terrains de quatrième qualité a suffi à payer le capitaliste, l'ouvrier et le propriétaire foncier.

C'est donc une erreur de dire que la culture

des terres inférieures est la cause *efficiente* de la rente ; non, cela a été dit, parce qu'on a exagéré certaines expressions de Ricardo; mais si on les lit avec attention, on s'apercevra que chez lui l'erreur était bien plus dans les mots que dans les idées.

Ricardo, Messieurs, n'était ni un savant, ni un homme de lettres; c'était un homme d'affaires, un agent de change, qui est resté agent de change jusqu'à 40 ans ; et un beau jour il fut le premier économiste de l'Europe. Mais avec toute sa science économique, il ne lui était pas donné de savoir écrire. C'est un de ces vides, une de ces lacunes, que l'on ne remplit plus quand on a passé trente ans ; et je dis cela surtout pour la jeunesse qui m'écoute. Ricardo eut donc ce défaut là; mais il a dit la vérité, s'il ne l'a pas dite toute entière. Ce que je vous ai enseigné ici, aujourd'hui, lui appartient, et non à moi; en ce sens que c'est lui qui a dit le premier que la rente du propriétaire était, la *différence* entre la valeur du produit et la valeur nécessaire pour payer l'intérêt du capitaliste et le salaire de l'ouvrier.

Est-ce à dire que la diversité des terrains est la *cause* de la rente? Non, Messieurs; cela veut dire seulement qu'elle en est la *mesure*, c'est-à-dire que, quand les terres de deuxième qualité sont cultivées, on peut affirmer que les propriétaires des premières sont riches; et quand les terres des deuxième, troisième, quatrième qualités, sont cultivées, on peut affirmer que les propriétaires des premières sont très riches.

Pendant la guerre, le besoin de céréales a fait

exploiter les terres de dernière qualité, et les propriétaires sont devenus par là très-riches; mais l'homme est insatiable, et il ne tarda pas à proportionner son luxe aux énormes bénéfices qu'il faisait. Mais les temps sont changés; la paix succède à la guerre; les fermiers ne veulent plus payer ce qu'ils payaient durant la guerre. Alors on voulut faire à coups de lois ce qu'on ne pouvait faire par transaction; mais ce moyen ne put ramener à la hausse factice de la guerre, et les principes économiques se trouvèrent vérifiés, soit dit en passant, malgré ceux qui croient que la science économique ne mérite pas d'arrêter leurs regards; et les faits sont demeurés ce qu'ils étaient alors, toujours d'accord avec ces principes, c'est que l'économie politique n'est pas une *théorie à priori*; mais qu'elle est toute entière basée sur des faits.

Ainsi, ce n'est pas parce que les fermiers se résignèrent à exploiter des terres inférieures, que certains fermiers consentirent à payer un fermage plus fort des terres meilleures; c'est au contraire, parce qu'on payait plus pour les bonnes, qu'ils purent cultiver les mauvaises pour un très-minime fermage.

La rente territoriale ne dépend nullement de la volonté du propriétaire foncier, il est complètement passif dans la question. Si la rente s'élève, c'est que la population augmente, et si la population diminue, la rente baisse. Un bon gouvernement intervient, dans ces modifications, surtout quand on fait des progrès spontanés et inattendus dans l'art agricole. Vous en avez un exemple sous vos yeux. Une racine était cultivée pour nourrir du bétail, mais un chimiste découvrit un jour que cette racine contenait du sucre aussi; et c'est un pur préjugé, il faut le dire ici en passant, que de croire que la substance de la betterave est inférieure à celle de la canne à sucre. Toute la différence consiste en ce que la canne à sucre donne un *rendement* de..., et que la betterave donne un *rendement* inférieur. Cette découverte est l'analogue de celle que ferait un botaniste en trouvant une canne à sucre chez nous. Cette découverte étant faite, qu'en résulte-il? Que l'hectare ensemencé de blé, d'orge, ou de betterave pour la nourriture des animaux, produisait une somme = A. Puis la betterave cultivée pour la fabrication du sucre produisait une somme = B. Le sucre a besoin d'être préparé, il est vrai, mais la préparation n'égalait pas la différence de B à A.—A qui devrait profiter cela? Ce n'était pas au propriétaire foncier dont les anciens baux étaient encore existans; c'était aux fermiers. Mais ces baux expirés, les propriétaires surent bien en exiger de plus conformes à leurs intérêts.

Voilà comment la découverte faite d'un emploi nouveau de la betterave augmente la rente territoriale. Mais pour que le salaire augmente et pour que la rente du capital augmente également, il faudrait que la production de cette branche agricole pût s'étendre à l'infini; mais il est prouvé que cent mille hectares au plus, pourraient produire tout le sucre nécessaire en

France. Je le répète donc : le principe ne peut rien faire dans des spécialités exclusives, comme celles que nous citons, ce sont les circonstances. A moins de certains débouchés, le profit comme la perte sont soumis à la mesure de la population.

En conséquence, le taux de la rente territoriale est déterminé : 1° par la population; 2° par le prix du travail; 3° par le taux de l'intérêt du capital.

La cause de la rente n'est donc pas dans la fertilité, quoique cela puisse en être preuve et conséquence.

La cause de la rente n'est pas davantage dans la volonté du propriétaire; elle est toute entière dans cette admirable facilité qu'offre la terre de donner plus que ne coûtent le capital et le travail. S'il en était autrement, les travailleurs porteraient leurs bras ailleurs, et les capitalistes porteraient ailleurs leur argent. Toutes les idées s'enchaînent, et rien n'est vague dans cette théorie que nous chercherons à compléter dans la séance prochaine.

DEUXIÈME LEÇON.

19 avril 1836.

Nous avons vu les propriétaires fonciers, comme propriétaires fonciers, seulement à ce titre; et nous avons cru reconnaître la cause *efficiente* de la distribution de la richesse; c'est au fond la fertilité du sol; la puissance que possède le sol de donner, au-dessus du remboursement du travail et du capital, un produit supérieur dont l'excédant appartient au propriétaire du sol. Enfin, nous vous avons fait remarquer un dernier point important de la question, c'est que l'inégalité à un, deux, trois ou quatre différens degrés de la fertilité du sol, ne doit pas être considérée, quoiqu'en aient dit des économistes de premier ordre, comme la *cause efficiente* de la rente; elle en est la *mesure*, la *preuve*, elle en est en quelque sorte le *thermomètre*; elle n'en est pas la *cause*.

Lorsque vous verrez des sols de qualités inférieures en culture, concluez-en sans crainte d'erreur que les sols de première qualité rapportent beaucoup. C'est là l'effet rigoureux de la mise en culture des sols de qualités inférieures, que plus le sol sera fertile, plus la rente sera considérable.

Et ceci n'est pas une abstraction, c'est une observation de simple bon sens; car il est bien évident que si le travailleur et le capitaliste trouvent de quoi se rembourser dans le produit de la culture des terrains inférieurs, il est bien évident, dis-je, que les terrains de qualités supérieures sous l'action d'un travail et d'un capital égal rapportent beaucoup plus, et que ce surplus de production va droit au propriétaire et non au travailleur et au capitaliste.

Messieurs, j'insiste sur la démonstration de ce fait, au risque de me répéter plus d'une fois, car des erreurs et des inexactitudes sur de pareilles questions, qui sont les bases de la science, nous mettraient dans l'impossibilité de comprendre les conséquences que nous en déduirons postérieurement : nous ferions comme quelqu'un qui brouillerait dans son cerveau les premiers principes de géométrie; il ne ferait plus de géométrie dans la suite.

Si ces principes sont vrais, vous en tirerez comme conséquence que le prix des produits agricoles n'est en aucune manière le *résultat* de la rente, mais il est au contraire la *cause* immédiate et nécessaire de la rente. Ayez mille hectolitres de blé sur le marché et supposez que le blé se vend au prix de.... De deux choses l'une : si le prix du blé sur le marché ne couvre pas les frais de production, capital et travail, les capitalistes et les travailleurs se retirent. Si le produit du blé couvre les frais de travail et de capital ensemble, il se trouve toujours des capitalistes et des travailleurs pour exploiter les terres. Et qu'en résulte-t-il pour le propriétaire foncier? Il en résulte de deux choses l'une : que, si ce prix, après le remboursement du travailleur et du capitaliste, donne un surplus, il y aura rente pour le propriétaire foncier ; sinon, non.

Et si le propriétaire veut exiger une rente, quoiqu'il n'y ait pas d'excédant, le travail et les capitaux se porteront ailleurs, comme je vous le faisais tout-à-l'heure observer. Voilà le résultat nécessaire ; ce n'est pas la *rente* qui détermine le *prix*, c'est le *prix* qui détermine si la *rente* sera grande, minime ou nulle. En effet, si vous voyez des terres de qualités différentes cultivées dans un pays, et c'est ce qui arrive presque partout, vous pouvez parfaitement en conclure que les terres de qualités inférieures donnent un produit tel, qu'il couvre juste les frais de capital et de travail. Eh bien ! cette terre sera pourtant cultivée par des fermiers, à moins que le propriétaire ne la cultive lui-même ou ne la garde en friche.

Cela étant, toutes les terres de qualités vous donneront un produit ascendant, une série progressive ascendante de bénéfices, égalant la somme des différences des produits de toutes les qualités supérieures de terrain, en partant du degré inférieur.

Maintenant, qu'est-ce qui produit cette série ascendante? C'est le prix du marché. Supposez, en effet, que le prix double subitement par un effet quelconque, une guerre, une exportation, tout ce que vous voudrez, et qu'il double de manière à ce que ce fait puisse passer pour permanent ou durable ; il arrivera que celui qui exploitait une terre dont le produit couvrait juste les frais de travail et de capital aura gagné le double du montant de ses frais, et si le fermier n'a pas passé de bail, le propriétaire lui dira : Voici pour rembourser vos frais, le reste est pour moi ; car le capitaliste qui trouve son profit à l'exploitation précédente, n'a pas de motifs pour exiger de plus forts bénéfices. Vous voyez donc, encore une fois, que ce n'est pas la *rente* qui fait le *prix*, c'est le *prix* qui fait la *rente* : la *rente* n'est pas la cause, elle est l'*effet* et la *conséquence* du *prix*.

Et ceci s'applique, jusqu'à un certain point, à l'impôt. Je suppose que le produit de la terre, par un fait quelconque, se trouve doublé. Ce doublement, à qui profite-t-il si le taux du salaire et du capital est resté le même? Il profite évidemment au propriétaire, qui trouve toujours des fermiers aux mêmes conditions. Eh bien! si le gouvernement disait : Le produit des terres a doublé, le taux du travail et des capitaux est resté le même, les propriétaires se sont trouvés le double plus de richesses en se levant qu'ils n'en avaient en se couchant, je leur demande la moitié de cette augmentation de la rente (et il pourrait leur demander le tout), il n'y aurait rien de changé. Je sais bien que ceci ne se réalise jamais dans la pratique; mais en supposant le taux du travail et du capital les mêmes qu'auparavant, et le profit double, il n'y aurait pas changement. Si l'impôt était employé comme l'employait le propriétaire, une partie de ce surplus serait appliqué à la consommation, comme cela s'est fait en Angleterre; une autre à augmenter la richesse nationale; parce que ce ne serait plus cela qui agirait sur le prix, ce serait au contraire la conséquence du prix.

Ceci nous amène à demander : Il y a donc quelque chose de particulier, de spécial dans l'instrument de production, la terre. Il se passe donc à son égard quelque chose qui ne se passe pas relativement aux autres instrumens de production?

Si cela est vrai ou faux, dans quelle mesure cela est-il vrai ou faux?

A propos d'instrumens de production, il nous faut donc remarquer les différences qu'il y a entre les instrumens proprement dits et l'agent.

La terre est quelquefois comparée par les économistes à une machine, qui, mue par les autres instrumens, produit. Il nous est quelquefois arrivé, à nous-même, de dire que la terre était une machine à blé, ou à tout autre produit naturel. Mais cependant il y a des différences capitales entre la terre considérée comme une machine et les machines proprement dites; ainsi, comme on l'a fait remarquer, l'application du travail et des capitaux ne produit pas selon les mêmes lois, si on l'a fait à de bons terrains ou à d'autres.

Et pour simplifier la question :

Supposons un pays où toutes les terres susceptibles de donner un produit qui couvre les frais, soient exploitées.

Cette machine, la terre, produit un résultat A
Au moyen d'un capital. . . . . B
Et d'un travail C

Le produit total est la résultante de la somme de ces trois élémens A, B, C,=A+B+C, soit D. Eh bien, on désire produire davantage. On imagine pour cela de doubler B, C, et d'appliquer 2 B, 2 C au travail de la terre A. Aurez-vous un double produit = 2 D? cela peut arriver par accident, par exemple, si la mauvaise exploitation précédente donnait un produit beaucoup inférieur à la qualité du sol; mais en supposant que le travail précédent a été fait comme il devait l'être, la terre ne donnera pas 2 D, c'est-à-dire deux fois autant de blé que quand elle était exploitée par B, C. elle donnera plus, peut-être, si on laboure plus profondément, etc...., mais il serait bien rare qu'elle doublât.

Il y a donc dans la production territoriale des bornes infranchissables.

Maintenant, au lieu de blé dont on ne veut pas sur le marché, appliquez-vous à une autre industrie. Faites des bas, travaillez le coton. Cherchez dans l'histoire des manufactures, et vous trouverez que l'industrie manufacturière a des limites, que ces limites ne peuvent guère être assignées; qu'on peut toujours, en doublant les capitaux et le travail, beaucoup plus que doubler les produits.

Dans l'industrie des cotons, par exemple, avec mille ouvriers, vous produisez une somme de pièces de toile de coton =X; avec le double d'ouvriers vous produirez 3 ou 4 X; et l'effet du doublement des instrumens et des capitaux n'est pas assignable dans ces sortes de produits : en conséquence, plus grands sont le capital et le travail, plus grand est le produit obtenu. Dans l'exploitation agricole au contraire, si vous doublez votre capital vous avez un tiers en sus; si vous le doublez encore, vous n'aurez plus qu'un sixième en sus, et vous arrivez bientôt à une limite infranchissable et très assignable.

La conclusion est ceci : que les résultats de l'application du travail et du capital ne sont pas les mêmes dans les produits agricoles et manufacturiers.

En effet, quand vous appliquez le travail et les capitaux aux productions autres que celles immédiates de la culture, vous avez la coopération d'autres agens naturels, comme le soleil, l'eau, l'air, la lumière. (Je sais bien qu'on n'en tient pas grand compte ordinairement, ainsi que de tous les autres agens indirects, surtout quand on obtient juste le remboursement des frais du produit.) Vous direz à cela que les industries produisent davantage. Mais qu'une industrie arrive, et que tandis que les autres industries en général produisent 20, elle produise 30 pendant la première année. Mais alors, l'année suivante elle ne produira plus que 20, parce que les capitaux auront été précipités en grand nombre dans cette voie par l'appât d'un bénéfice plus considérable.

Or, la science ne tient pas compte de ces faits de transition ; elle ne tient compte que des faits généraux, et elle tend, comme l'industrie elle-même, à établir un niveau. Si une industrie prospère, les capitaux viennent, et le niveau ne tarde pas à s'établir entre cette nouvelle industrie et les anciennes.

Dans l'industrie, en général, toutes exceptions à part, quand on a obtenu le remboursement du capital et du travail, on ne conçoit pas le surplus; et pourquoi? parce que l'eau, le soleil, l'air et tous ces agens extérieurs dont nous venons de parler, sont à tout le monde, et ne sont à personne.

Revenons maintenant à l'agriculture.

Qu'arrive-t-il quand vous donnez la moyenne du prix des avances faites par les capitalistes et les ouvriers; et quand il y a un excédant? (Du reste, nous reparlerons de cet excédant.) C'est cet excédant qui revient au propriétaire foncier. Où a-t-il sa source? dans la force productrice de la terre, dans la fertilité du sol; puisqu'il donne un résultat qui est excédant du prix du travail et du capital.

Messieurs, cela n'est plus ainsi, quand on descend à des terres de qualités inférieures; mais par la même raison, quand vous descendez, vous trouvez que la rente a bien sa base dans la qualité du sol; mais sa cause immédiate est toujours dans le prix du marché. En effet, telle terre produit cette année une rente de... dans cinq ans, les circonstances du marché peuvent faire qu'elle ne produira plus rien au tout; comme aussi des terres qui ne produisent rien cette année, peuvent produire une

et qu'on pouvait appliquer l'autre portion à l'acquisition d'instrumens producteurs.

Une autre idée est celle-ci : vous savez que le travailleur peut être son propre capitaliste ; il peut réunir les deux qualités de travailleur et de possesseur du capital nécessaire ou utile à son travail. Ainsi, quand vous voyez le plus petit cordonnier qui est dans sa méchante boutique, tout seul, sans ouvriers, qui est propriétaire de ses outils, qui se procure, lui directement, la matière première, qui l'achète de ses deniers, vous avez là un travailleur. Son capital, tel petit qu'il soit, n'en est pas moins un capital ; ce cordonnier cumule les deux qualités de travailleur et de capitaliste. Eh bien ! celui-là ne s'embarrasse pas du problème de la distribution de la richesse ; tout ce qu'il produit lui appartient, puisqu'il est en même temps capitaliste et travailleur.

Vous avez même dans quelques pays, de petites propriétés seulement appliquées à la profession agricole. Un particulier qui possède un champ le cultive souvent lui-même, le bêche, le laboure, et celui-là est encore tout à la fois travailleur et capitaliste. Le produit reste cumulé ; il n'y a pas de distinction à faire.

Mais il est vrai de dire que ce n'est pas là tout le développement de la richesse nationale ; ce ne peut pas être un fait général. Il y a des sociétés où l'on trouve même des travailleurs pour qui le rang de capitaliste est en quelque sorte entièrement supprimé, c'est-à-dire qu'ils ne possèdent absolument que leurs bras et leur capacité. Il y a des travailleurs qui, en même temps, ont un certain capital ; mais comme il y a des travailleurs qui n'ont pas de capital, il y a les capitalistes qui ne travaillent pas personnellement, mais qui coopèrent à la production par l'emploi du capital dont ils ont la possession.

C'est là que commence le problème de la distinction de la richesse, parce lorsque les travailleurs d'un côté et les capitalistes de l'autre se trouvent réunis pour la même opération, le produit est le résultat à la fois du travail et du capital. Ce sont donc des associés qui ont travaillé au même produit, le résultat est obtenu ; il s'agit maintenant de savoir comment ce produit sera réparti, distribué; quel sera le lot des uns et le lot des autres : et ici commence la question qu'on appelle ordinairement la question des salaires. Vous savez, Messieurs, du moins ceux qui ont assisté au cours dès son commencement, que ce mot de salaire, pour nous, n'exprime pas proprement une idée générale. Les idées générales, nous les exprimons par les mots de rétribution du travail.

D'où est venu ce mot *salaire*, et qu'entendons-nous d'ordinaire par là ? Nous entendons les avances que l'entrepreneur fait au travailleur ; je l'ai dit dans le temps, et il faut que je le répète : quel serait le procédé pour ainsi dire naturel? Ce serait que le travailleur et le capitaliste, mettant en commun l'un son travail, l'autre son capital, obtînssent un produit de....; ce produit, une fois l'opération achevée, serait réalisé, et par la réalisation du produit, on ferait à chacun la répartition suivant les conventions du marché. Eh bien! qu'arrive-t-il? il arrive que le capitaliste peut attendre ce dernier résultat et que le travailleur souvent ne le peut pas, à cause de sa position génée; parce qu'il y a des opérations productives qui durent un, deux, trois mois, six mois, un an, et même davantage. Enfin, prenez le terme moyen de six mois ou un an, le travailleur ne peut pas attendre ce résultat, parce qu'il n'a pas un fonds suffisant; alors il est appelé à un autre contrat, un autre marché avec le capitaliste. Il dit: Sur le produit que nous obtiendrons, j'ai une part; eh bien! cette part, je vous la cède, et en revanche, vous me donnerez tant par jour, fixe. Voilà le salaire à la journée; ou bien tant par pièce, voilà le salaire à la taxe. Si ensuite vous vendez la pièce davantage, tant mieux pour vous; si vous perdez, tant pis pour vous. Bref, l'ouvrier cède son droit dont la quotité n'est pas certaine, parce qu'elle dépend des circonstances du marché au moment de la réalisation du produit, et il le cède contre une rétribution fixe; voilà le salaire proprement dit.

Or, comme ce mode, cette forme de rétribution est devenue, pour tous les pays manufacturiers, la forme la plus commune, de là est venu que lorsqu'on a voulu parler de la rétribution des travailleurs, on a dit *salaire*, parce que c'est là la forme la plus générale.

Le salaire n'est donc que le résultat d'une convention faite entre le travailleur et le capitaliste; qu'un contrat que le travailleur a fait pour obtenir plus promptement la réalisation de son droit sur le produit, en cédant au capitaliste ce droit lui-même. Et le produit fabriqué de cette façon, que ce soit une pièce de drap, ou toute autre chose, devient alors la propriété complète de l'entrepreneur. C'est, je le répète, la forme la plus générale.

Cependant, l'autre forme existe encore dans les pays où il y a le colona-partiaire; le colon se transporte sur votre terre; il ne la cultive pas moyennant un salaire, il n'est pas votre journalier; non, il la cultive, ayant le droit de partager à la fin le produit naturel dans une proportion qui dépend des conventions, qui se règle d'après les habitudes du pays. Là, le travailleur prend sa rétribution comme un associé. Eh bien! le colona-partiaire existe encore; il existe dans quelques parties de la France, en Italie et dans plusieurs autres pays. On m'a dit (mais je ne parle de ce fait que par oui-dire, n'en ayant pas été témoin moi-même) que dans le midi de la France, dans l'arrondissement d'Orange, en particulier, ceux qui contribuent à la production de la garance ne travaillent pas comme journaliers. Ce sont, en général, de petits propriétaires qui prennent des portions de terrains pour y cultiver cette garance, en en partageant le produit avec le propriétaire du sol. Et ils attendent aussi un an, et quelquefois plus, que la vente de ce produit (qui est à la vérité agricole, mais qui est essentiellement objet de manufacture), que la vente soit réalisée pour avoir leur droit sur ce produit. Ces familles, qui peuvent ainsi attendre un an, deux ans, se trouvent à la fin recevoir une somme assez considérable, et alors elles veulent la placer en propriété foncière, et achètent un petit bien. On dit qu'il y a là une population, qui est, en quelque sorte, maîtresse du taux des salaires, parce qu'elle est demeurée stationnaire, et que souvent elle fait monter le taux des salaires jusqu'à trois francs par jour. Voilà donc un autre exemple, s'il est exact, de cette rétribution des travailleurs perçue sous la forme naturelle, et non sous la forme conventionnelle.

Mais il s'agit, pour nous, de la rétribution perçue sous le nom et sous la forme de salaire. Il s'agit toujours de savoir comment, d'après les faits généraux de l'économie politique, s'opérera cette division du produit entre le capitaliste et le travailleur. Je dis, d'après les faits généraux de l'économie politique, indépendamment du taux moyen artificiel ou actif : la science se borne à observer les faits généraux ; pour apporter plus de clarté dans cette matière délicate, difficile, compliquée, les économistes ont distingué le salaire dans un sens général, en salaire réel et en salaire nominal; puis un salaire suivant le taux naturel, et un salaire suivant le taux courant.

J'appelle salaire réel le prix que le travail obtient en choses nécessaires ou utiles au travailleur. Ainsi, supposons qu'un homme, par une journée de son travail, puisse se procurer tant de pain, tant de viande, tant de vin, on dira : Voilà son salaire naturel, son salaire réel.

On appelle salaire nominal le prix exprimé en argent. C'est là la manière ordinaire de parler; on dit : Les salaires, dans tous les pays, sont de 30, 40 sous, 3 francs. On dit qu'en Amérique, dans les Etats-Unis, les salaires sont quelquefois montés jusqu'à un dollar, deux dollars (5 ou 10 francs). La distinction n'est pas sans quelque importance, et voici pourquoi : c'est que l'augmentation ou la diminution du salaire nominal n'est pas une preuve d'un changement correspondant dans la condition du travailleur. Il se peut très bien que le travailleur, qui gagne aujourd'hui 30 sous, en gagne demain 40, et qu'il soit moins heureux que lorsqu'il en gagnait 30, parce qu'il peut arriver qu'avec ses 40 sous il ne puisse pas se procurer ce qu'il pouvait se procurer hier avec 30 sous. Ainsi, supposez que le prix du vin ait doublé, et que le prix du salaire n'ait augmenté que de la moitié, le travailleur sera plus pauvre de la moitié.

Pour apprécier quelle est la véritable position du travailleur, il faut savoir quel est, sur le marché, le rapport de la monnaie avec les choses utiles et nécessaires. La distinction des salaires, en salaires réels et salaires nominaux, est utile sous ce point de vue, et il y a eu des auteurs qui, quelquefois, ont fait des raisonnemens fautifs, parce qu'ils ont pris pour base des faits qui n'étaient pas exacts, parce qu'ils prenaient pour salaire réel ce qui était salaire nominal. Ainsi, quand l'ouvrier américain gagnait 1, 2 dollars, il était heureux, parce que son salaire nominal correspondait à un salaire élevé, parce qu'il pouvait acheter les choses nécessaires à la vie ; tandis qu'ailleurs, à Londres, par exemple, où le prix des choses en argent est assez élevé, le même salaire qui pouvait mettre un homme à son aise dans tel département de la France, ou dans tel autre pays de l'Europe, donne à peine de quoi vivre au travailleur, à cause du taux des denrées sur le marché de Londres.

J'ai dit que l'on distinguait les salaires en taux naturel et en taux mouvant. Qu'entend-on par le taux naturel des salaires? Les uns l'ont défini ainsi : Celui qui fournit aux ouvriers en général les moyens de subsister et de perpétuer leur espèce, sans accroissement ni diminution.

Les autres, en réfutant cette définition, ont voulu lui substituer celle-ci : Le taux naturel des salaires est le prix qui, dans la situation actuelle de la société, est nécessaire pour qu'il y ait un nombre moyen de travailleurs suffisant pour satisfaire au terme moyen de la demande des bras.

Voilà deux définitions mises en avant par un économiste célèbre. Peut-être ne les avez-vous pas trouvées d'une admirable justesse. Quant à la première, il y a eu une pensée dans l'esprit de celui qui l'a donnée, et il me paraît évident qu'il s'est référé à un état de société et de population stationnaire; qu'il s'est placé vis-à-vis d'une société qui aurait désormais compris qu'elle ne pourrait s'augmenter sans se nuire.

Malthus, qui est l'auteur de l'autre définition, et qui est en même temps l'auteur de l'écrit sur la population, Malthus était préoccupé de cette idée et de tous les faits qu'il avait accumulés pour prouver que les populations agissent continuellement, qu'elles ne restent jamais stationnaires, qu'il y a toujours en elles un mouvement progressif, ou un mouvement rétrograde. Et je suis convaincu que c'est sous l'influence de ces idées qu'il a dit que le taux actuel des salaires est nécessaire pour qu'il y ait un nombre moyen suffisant de travailleurs, jamais un nombre suffisant de prix, de là le taux mouvant. Malthus dit : Il faut que le salaire soit tel que la population puisse seconder les demandes du marché ; c'est-à-dire que si l'on demande davantage, la population puisse se multiplier, et que si l'on demande moins, elle puisse s'arrêter.

Messieurs, l'une et l'autre de ces définitions n'ont-elles pas le défaut de définitions conçues, pour ainsi dire, *a priori?* ou du moins sans une analyse scrupuleuse des faits? Or, je vous le demande, que sont les définitions dans une science éminemment d'observation, quand elles ne sont pas les derniers résultats, les résultats rigoureux de l'analyse et de l'observation?

Pour arriver à savoir ce que c'est que le taux naturel des salaires, n'y avait-il pas un autre procédé à suivre ? Car, que demande-t-on, en demandant quel est le taux naturel des salaires? on demande quelle est, d'après les élémens dont il se compose, la distribution que l'on doit faire du produit? C'est là la demande, ou je ne la comprends pas. Demander comment on doit naturellement partager un produit, me paraît la même chose que demander de quels élémens ce produit se compose, d'où viennent ces élémens, et comment, par conséquent, la distribution doit se faire, s'il n'arrive pas de cause perturbatrice de ce produit, et alors nous arriverons au taux courant des salaires.

Eh bien! voulons-nous essayer cette analyse du produit? Cela jetera peut-être quelque lumière sur cette belle question; plus de lumière, j'ose le dire, que quand on donnait ces définitions conçues peut-être un peu à la hâte.

Il y a ici deux routes à prendre. Permettez-moi d'abord de poser une hypothèse révoltante (et malheureusement, si elle n'est qu'une hypothèse chez nous, il y a encore dans le monde des pays où c'est une affreuse réalité), l'esclavage! Supposez un pays à esclavage, et supposez que le maître, ne voyant dans cet homme qu'on a livré à son caprice, n'y voyant absolument qu'une machine, un objet de calcul et d'exploitation, poussât la dureté et la cupidité jusqu'au point d'empêcher totalement le mariage de ses esclaves, leur reproduction par des moyens autres que leur renouvellement au moyen du honteux trafic qu'on appelle la traite; bref, bornons-nous à la supposition révoltante qu'on traiterait ces hommes comme des animaux dont on ne voudrait pas permettre la reproduction. Un planteur ferait donc ainsi travailler son esclave, et la puissance humaine, les organes de l'intelligence, l'être raisonnable enfin, se trouverait donc littéralement réduit au rôle de pure machine travaillante.

Eh bien ! ce possesseur calculateur, que voudra-t-il obtenir comme rétribution de sa machine esclave ? D'abord il dira : Il me faut l'intérêt du capital employé à l'acheter ; puis, cet esclave a travaillé pendant un mois, six mois, un an, les frais d'entretien de cette machine humaine se montent à tant. Après cela, il dira : Mais cette machine n'est pas éternelle, et plus je la fais travailler plus elle s'use ; et quand elle sera usée, il faudra la remplacer ; il me faut donc un amortissement, une portion du produit que je puisse accumuler, pour qu'à la mort de l'esclave, je puisse en acheter un autre ; ou bien, quand il sera hors de service. Enfin, si vous ne voulez pas supposer la dernière des atrocités, quand le malheureux esclave ne pourra plus travailler, il sera traité comme nous traitons les animaux ; il faudra bien qu'il le nourrisse, bien ou mal. Donc, il demandera une somme aussi à mettre en réserve pour les frais auxquels il sera exposé lorsque son esclave sera hors de service. Voilà les quatre élémens dont se composera son affreux calcul. S'il n'obtient pas cela, qu'arrivera-t-il ? c'est qu'il n'achètera plus d'esclaves ; car ce serait pour lui un mauvais commerce, et s'il s'obstinait long-temps à le faire, il s'y ruinerait. Mais, si au contraire il obtenait cela, et un surplus, il trouverait que l'emploi de cette machine est bon ; tout le monde en voudrait, et l'importation des esclaves augmenterait de prix, jusqu'à ce que le niveau fût retrouvé.

Mais sortons maintenant de cette affreuse supposition, et rentrons dans le fait du travail et du travail libre, la plus belle conquête de la civilisation.

Cette machine qui travaillait dans l'hypothèse comme esclave, elle existe toujours, mais il y a une grande et capitale différence, c'est qu'elle est maîtresse d'elle-même, de ses bras, de ses organes, de son intelligence; et dans ce cas, l'homme est à la fois son propre serviteur et son propre propriétaire.

Eh bien ! comment fera-t-il son compte, lui homme, non plus exploité par un autre homme, mais lui homme maître de lui-même? Le propriétaire de l'esclave disait : Il me faut les frais d'entretien de mon esclave, eh bien! l'homme maître de lui-même dit: Les frais de mon entretien doivent me porter à travailler. Le maître de l'esclave disait : Il me faut un capital d'amortissement, eh bien! l'homme libre ne dit pas cela, mais il dit : Il me faut pourvoir à élever mes enfans; il faut que je les mettre en état de se suffire à eux-mêmes; et sa femme et leur enfant, qui ont aussi un travail, ont le droit de dire la même chose : Il faut que j'aie de quoi élever ma famille. Le maître de l'esclave, qui pourtant ne pouvait pas faire assommer son esclave, le jour où il était hors de service, disait dans son compte : Il me faut telle somme pour les frais que je serai obligé de faire quand cet esclave ne pourra plus travailler, et l'homme libre maître de lui-même dit également : Il me faut prévoir les jours de maladie. Quel est le point dans lequel le compte peut différer? il n'y en a qu'un, c'est que l'homme qui s'est abaissé jusqu'à l'idée d'acheter un autre homme, à dû dépenser un capital pour cet achat; tandis que l'homme libre assure son existence par les voies ordinaires, et que son entretien et les frais de son éducation, tout cela est compris dans les réserves de ses parens, comme il comprend, lui, dans les siennes, l'entretien et l'éducation de ses propres enfans. Voilà le seul point sur lequel on puisse dire qu'il y a différence.

Mais ce n'est pas tout. Quand on dit: frais d'entretien, qu'est-ce que cela veut dire? Cela ne veut rien dire de bien déterminé, à moins qu'on ne prenne l'idée négative, qui est d'empêcher la maladie, la souffrance et la mort. Mais si on veut la prendre dans un autre sens, cela exprime autre chose. Par exemple, allez demander à un malheureux Irlandais, qui a été forcé depuis bien long-temps de se contenter de pommes de terre assaisonnées avec un peu de sel, et souvent sans sel; d'un peu de lait de vache ou de chèvre, quelquefois point, et qui en conséquence de cet état de choses a perdu tout sentiment de soi-même; cet Irlandais qui a contracté l'habitude de demeurer dans une chaumière de boue, pêle mêle avec des animaux domestiques, couvert de haillons; allez lui demander : Qu'est-ce que les frais d'entretien? Eh! mon Dieu, il vous dira que ce sont des pommes de terre, et le malheureux y ajoutera quelques verres de wiskey; car la misère et la souffrance ont tellement abâtardi et abaissé ses idées, qu'il ne conçoit même pas certains besoins et certaines jouissances.

Maintenant, Messieurs, traversez un bras de mer et allez demander à un Écossais ce que c'est que les frais d'entretien; il vous dira (car non-seulement l'Écossais est bien nourri et bien vêtu, mais encore il sait que son fils doit savoir lire, écrire et avoir reçu une instruction ou une éducation), quand vous lui parlerez de frais d'entretien, il comprendra tout cela avec le sentiment que c'est un véritable besoin, tout aussi strict que la pomme de terre pour l'Irlandais. Ce que je dis de l'Irlandais, de l'Écossais, appliquez le à l'Angleterre, à la France, à l'Italie, à l'Espagne, vous trouverez toujours des réponses assez diverses; les unes tiennent à de funestes ou à de bonnes habitudes; les autres tiennent à des nécessités de climats.

Ainsi sans doute, quand vous demanderez à Naples à un homme du peuple ce qu'il faut pour vivre, sa réponse sera bien simple; il vous indiquera des objets de très petite valeur, et cependant ce sera un homme de cinq pieds huit pouces, carré, avec des formes d'Hercule. Cela tient, comme on l'a dit, à ce que les substances alimentaires se trouvent en moins grande quantité dans les pays agricoles du nord, que dans ceux du midi; ou bien à d'autres causes, mais qui n'appartiennent pas à l'économie politique.

Je dis seulement que quand on parle de frais d'entretien, il ne faut pas entendre strictement ce qui est nécessaire pour qu'un homme ne meure pas de faim. C'est là au contraire la pierre de touche de la civilisation, quand les classes travaillantes ont le sentiment, non seulement de ce qui est nécessaire pour vivre, mais aussi quand elles éprouvent les moyens de satisfaire à des besoins intellectuels et moraux : l'industrie, l'éducation, une certaine commodité dans l'habitation, un certain mode d'habillement qui suppose qu'on se respecte soi-même et qu'on est respecté par les autres. Aussi, quels différens aspects ne présentent pas, sous ce rapport, les sociétés diverses ! qui n'éprouve pas ce sentiment lorsqu'il promène ses regards sur ces populations dont le besoin et les habitudes ne tendent qu'à leur perfectionnement, et qu'il les compare à ces populations qui sont tellement plongées dans la misère qu'elles n'ont pas même l'idée de ces besoins et de ces habitudes ?

Mais revenons. Voilà donc quels me paraissent être les élémens du travail dans le produit. Le travailleur dirait : Voilà ce que j'y ai mis, et le capitaliste dirait à son tour · Voilà la quantité du travail accumulé que j'y ai mis. Voilà ce que cela m'aurait produit appliqué à autre chose, je l'ai mis dans ce travail pour y coopérer. Je crois que c'est-là le vrai de la chose. Quels sont donc les élémens du taux naturel, soit des salaires, soit des profits ? C'est que les uns et les autres sortent de l'opération sans que leur position soit détériorée.

Ainsi le capitaliste dit : J'ai apporté mon capital accumulé ; c'est vrai, mais peut-il dire en même temps : J'ai apporté ma personne ? non, car il serait à la fois capitaliste et travailleur. Il n'a donc mis que son capital, et qu'il ait vécu d'une façon ou d'une autre, ce n'est pas là la question. Pour lui, cet élément, c'est la quantité de capital qu'il a employée, et le bénéfice qu'il aurait retiré de ce capital s'il l'eût employé ailleurs. Le travailleur y a apporté sa vie ; il a travaillé un mois, deux mois ; il a dû se nourrir ; il a veilli d'un mois, de deux mois ; il lui a fallu élever et entretenir ses remplaçans pendant ce temps. Voilà les élémens du taux naturel.

Je crois donc que le taux naturel des salaires est celui qui offre au travailleur une compensation entre le temps qu'il a travaillé, c'est-à-dire, les frais de son entretien et de l'éducation de sa famille, et l'usure de sa vie et de ses jours.

Maintenant, quel est le taux courant des salaires ? Le marché offre-t-il des conditions telles, que le travailleur puisse obtenir ce dont nous parlons ? Les deux taux se confondent, le taux naturel et le taux courant sont identiques. Mais cela n'arrive jamais ou c'est momentané. Le travailleur peut-il obtenir mieux que le taux nécessaire, de manière qu'il lui reste quelque chose en sus ? Eh bien ! alors le taux courant est meilleur que le taux naturel.

Le taux courant tend toujours à se rapprocher du taux naturel. Il en est du taux des salaires comme du prix des denrées. Je vous ai déjà parlé de ce qu'on appelait le prix naturel et le prix courant des denrées.

Nous disons que le prix courant et le prix naturel tendent toujonrs à se rapprocher, car si le prix courant est fort au-dessus du cours de la production, la production augmente jusqu'à ce que le niveau soit établi. Si au contraire, le prix courant est au-dessous, comme les producteurs sont en perte, ils s'arrêtent, la quantité sur le marché diminue et la proportion se rétablit entre les deux prix.

Quand il s'agit de population, malheureusement l'équilibre ne se rétablit pas sans de grandes souffrances et de rudes sacrifices. Mais quand le taux du salaire est au-dessous, long-temps au-dessous du taux naturel, il arrive que la population se décime par la souffrance, les maladies et la mort. Tandis que quand le taux courant des salaires est au-dessus du taux naturel, ce sont là les belles époques des nations, et heureuse la population qui sait en profiter et qui en profite essentiellement pour s'élever et porter plus haut ce chiffre d'entretien dont nous venons de parler, parce qu'alors en ne s'augmentant pas, elle devient la maîtresse de la situation des salaires, et elle prépare le jour où tout travailleur sera en même temps grand ou petit capitaliste, et où il pourra faire comme l'habitant d'Orange, dont nous avons parlé au commencement de cette leçon, qui peut attendre son salaire un an, deux ans. Alors le grand principe de la liberté du travail sera compris dans toute sa sincérité.

Alors, si le contrat actuel a lieu, ce ne sera pas sous l'empire de la nécessité, mais sous l'empire du libre choix des travailleurs qui pourront vendre leurs produits futurs, comme un pêcheur vend d'avance sa pêche. Alors il pourra dire au capitaliste : Voilà ma mise dans la société, c'est mon travail. Travaillons donc en commun, moi, par le travail de mes bras, vous, par votre travail accumulé. Le produit, nous le réaliserons en temps et lieu comme des associés, et nous le diviserons d'après les proportions convenues.

Sans doute, le travailleur pourra courir des chances fâcheuses ; mais aussi il pourra en rencontrer de favorables. Alors la liberté du travail sera établie dans toute la réalité, toute la sincérité de ses bases.

Vous voyez que le taux naturel et le taux courant ne sont pas choses identiques, mais tendent à se rapprocher. C'est là le travail constant qui est celui du rapprochement du taux courant et du taux naturel. Seulement, quand il s'agit de la population, ce rapprochement se fait au moyen de souffrances auxquelles il faudra remédier, et qui seront évitées le jour où les travailleurs pourront attendre avant de recevoir le prix de leur travail.

CINQUIÈME LEÇON.

30 avril 1835.

Messieurs,

En abordant la matière difficile et compliquée du taux des salaires, nous allons avant tout chercher à vous rendre compte des différentes divisions introduites par les auteurs dans cette matière, et en réalité nous allons distinguer avec eux, ou pour mieux dire, nous allons expliquer ce qu'ils entendent lorsqu'ils distinguent le taux des salaires en taux naturel et en taux courant.

A cette occasion, nous vous avons fait remarquer que si l'on peut se faire une idée de ce qu'on peut appeler le salaire naturel ou nécessaire, ce n'est pas en se jetant dans des abstractions, en adoptant les définitions de tel ou tel des économistes; mais c'est en donnant un sens vrai à la nature même des choses, en considérant l'homme, c'est-à-dire, le travailleur dans l'élément dont il se compose en tant qu'être travaillant, mais en même temps en tant qu'être sensible, livré à une vie qu'il lui faut entretenir. Ce n'est qu'ainsi qu'on peut se former une idée du taux naturel du salaire. Cette décomposition, si je puis parler ainsi, nous l'avons essayée dans la dernière leçon, et elle nous paraît très importante. Nous devons maintenant, en suivant les élémens naturels des idées; nous devons, après nous être fait une idée du taux naturel du salaire, étudier le taux courant de ces mêmes salaires et voir quelles sont les causes qui opèrent d'une manière exacte. Ce terme est variable: le taux courant s'éloigne ou se rapproche de ce terme invariable de salaire. Quelles sont parmi ces causes celles qui exercent une influence ou plus profonde ou plus grave; celles sur lesquelles la volonté de l'homme agit, et celles qui se présentent à l'homme comme des nécessités? Car quand on parle du travail, on ne parle plus de la machine de ce travail; la machine est comprise sous le nom de capital. On parle de l'homme, et par conséquent il faut toujours tenir compte de ces élémens, c'est-à-dire, de la volonté de l'homme et des circonstances qui sont indépendantes de sa volonté.

Il faut examiner ces causes, les classer, en étudier les effets, et balancer les avantages et les inconvéniens que le travailleur éprouve sous l'influence de l'une ou de l'autre de ces causes, et puis indiquer quels seraient, selon nos faibles avis, les remèdes à apporter à tel ou tel inconvénient, soit pour le faire disparaître, soit du moins pour en écarter les effets les plus malfaisans.

C'est là le travail que je me propose, non pas d'accomplir, mais d'essayer avec vous, Messieurs, sur cette matière. Mais, avant de l'aborder, ce même travail, j'ai besoin de vous demander un peu d'attention pour d'autres éclaircissemens préliminaires, car nous avons à traiter une matière, où l'inexactitude, où la variété des expressions, où les formules scientifiques ont jeté beaucoup de confusion. Nous décrivons, Messieurs, une science qui est à la fois une science de raisonnement et d'observation. Du moment qu'il y aurait inexactitude dans les idées fondamentales, inexactitude dans le point de départ ou dans les expressions, il est impossible qu'il n'en résulte pas une confusion d'idée et un embarras dans la marche de celui qui se voue à l'étude de cette science.

Si l'inconvénient de ces inexactitudes est dans les formules, dans les expressions et dans les idées, si, dis-je, cet inconvénient là ne se trouvait que dans les livres, on pourrait peut-être en prendre son parti, le mal ne serait pas très grand, il se résumerait en une perte de temps pour le lecteur qui aurait besoin, en quelque sorte, de rectifier le livre qu'il lit. Mais les conséquences s'en font ressentir ailleurs; du cabinet et des livres ces conséquences passent dans les affaires, dans la vie réelle et pratique de ceux qui font des affaires proprement dites, qui appliquent les faits à leur propre intérêt, ou de ceux qui sont appelés à statuer sur les intérêts généraux. Et je regarde comme un devoir, un devoir très étroit d'apporter avant tout, dans l'étude de ces matières, l'attention la plus suivie, l'exactitude la plus scrupuleuse, avant d'oser influer d'une manière positive sur les affaires réelles par les conséquences qui en sont ordinairement la suite.

Et avant tout, Messieurs, qu'entend-on par hauts et bas salaires? Quand vous ouvrez un livre d'économie politique, quand vous entendez un économiste parler de hauts et bas salaires, que veut-il dire par là? N'y a-t-il qu'une seule et même signification attachée à cette expression : hauts et bas salaires? Non, il y en a trois en particulier bien différentes, et que vous trouverez employées dans les auteurs les plus éminens, dans les livres les plus remarquables, et quelquefois sans que l'auteur, préoccupé de ses idées, se soit le moins du monde donné la peine de vous dire ce qu'il entend par ces expressions. En effet, les uns ont dit que les salaires étaient hauts ou étaient bas uniquement suivant la quantité de monnaie que le travailleur recevait comme rétribution de son travail. C'est là même le langage ordinaire. Ainsi, si je dis à quelqu'un : Tel ouvrier recevra trois francs par jour, tel autre vingt-cinq sous, il me répondra : L'un a un haut salaire, un salaire passablement élevé, l'autre a un bas salaire.

Messieurs, quand le vulgaire parle de la sorte, son bon sens ne le trompe pas; nous verrons tout à l'heure qu'il s'exprime correctement. Mais quand l'homme de science parle ainsi d'une manière générale, que veut-il dire? Evidemment une chose qui souvent n'est d'aucune importance, et qui d'autres fois peut induire à erreur le lecteur. L'explication que nous avons trouvée de la division des salaires en salaires réels et nominaux, nous dit déjà quel est le cas qu'on doit faire de ces expressions de hauts et bas salaires, appliquée à la quantité de numéraire que reçoit le travailleur. Désormais vous savez que la quantité de monnaie ne représente nullement, n'exprime nullement la quantité de choses qui sont nécessaires à la vie, parcequ'il peut y avoir changement dans la masse métallique ; dès lors il y aurait changement dans la quantité de monnaie offerte au travailleur, et celui-ci ne serait pas plus riche. Croyez-vous qu'en lui donnant plus d'argent qu'avant la découverte de l'Amérique, si l'on a suivi les autres proportions de l'argent avec l'achat des objets que l'on peut acquérir par son moyen, l'ouvrier aura gagné quelque chose? Non, Messieurs, qu'est-ce que cela fait à l'ouvrier? Il est indifférent pour lui, quand il achète une livre de pain, ou un sac de blé, avec une pièce d'argent, qu'on lui donne trois de ces mêmes pièces d'argent, s'il ne peut avoir avec elles que le même sac de blé, ou la même livre de pain, et pas davantage. Ainsi, que l'on dise : Dans tel pays, à telle époque, les ouvriers étaient payés de telle manière ; dans tel autre pays, ils étaient payés de telle autre manière, donc quoi? Donc, rien du tout. Il n'y a aucune conséquence à en tirer, car il faut savoir auparavant quel est, sur les deux marchés, le rapport de la monnaie avec la marchandise. Tant que ce rapport n'est pas déterminé, ce sont des choses qui ne signifient rien pour la question des hauts et bas salaires, et quand le rapport est déterminé, c'est que vous parlez de la marchandise et non de la monnaie.

Vous pourrez même, et c'est un avertissement pour ceux qui se livreraient quelquefois à des recherches historiques sur les faits économiques, vous pourrez voir qu'il y a d'autres changemens que celui dérivant d'un changement naturel de rapports entre la monnaie et la marchandise. Je dis changement naturel, parceque quand la monnaie augmente, c'est comme quand les autres marchandises augmentent. Vous savez qu'il y a des gouvernemens qui se sont permis d'altérer la monnaie, soit en la rognant, soit en voulant lui attribuer une valeur arbitraire, bref qui ont fait de la fausse monnaie. Eh bien! si je vous dis: Un ouvrier recevait en Prusse une couronne à telle époque, un thaler à telle autre époque, et puis à telle et telle autre époque il recevait encore un thaler, donc il était rétribué également. Oui, mais à telle époque, ce même thaler ne signifierait plus que la moitié, que le tiers de la valeur qu'il avait à telle autre époque.

C'est comme en Turquie; un travail à telle époque était payé dix piastres; mais aujourd'hui qu'il y a eu une baisse effroyable dans la valeur de cette monnaie, bien qu'elle ait conservé sa même dénomination, le même travail qui serait payé dix piastres, serait-il rétribué comme il l'était à l'époque où la piastre turque avait toute sa valeur? Assurément non.

L'expression de hauts et bas salaires, traduite en appréciation par la monnaie, est vraie lorsque le vulgaire l'emploie, lorsqu'il l'emploie avec son bon sens, sans prétendre faire de la science. C'est-à-dire que si, dans le même pays, à la même époque, tel travailleur reçoit un franc, tel autre, à circonstances égales, reçoit cinq francs, il est évident que le premier reçoit un bas salaire et le second un haut salaire.

Ainsi, sans vouloir proscrire cette expression; il est d'une haute importance de bien se rappeler qu'elle n'est qu'une source d'erreurs si on l'applique à des pays, à des époques diverses. Quand on veut apprécier les salaires, et dire qu'ils sont hauts ou bas d'après la quotité d'argent ou de monnaie qu'on donne aux travailleurs, on ne peut se placer que dans cette circonstance : même pays et même époque. Autrement elle serait parfaitement contraire à la vérité.

La seconde expression, qui est celle de Smith et de ses disciples, est de hauts et bas salaires. N'examinons donc plus la quantité de monnaie, mais la quantité de choses, de marchandises, que le travailleur peut se procurer. Ainsi, si un travailleur, en travaillant un certain temps, peut se procurer un hectolitre de blé, et qu'un autre travailleur, placé dans les mêmes circonstances et travaillant le même temps, ne peut se procurer qu'un demi hectolitre de blé, vous direz de celui-ci : Son salaire est bas; et de l'autre : Son salaire est haut. La différence ne dérive plus de la quantité de monnaie, elle dérive de la quantité de marchandises. Que fait-on du blé? On le vend ou on s'en nourrit. Aujourd'hui comme autrefois, ici ou ailleurs, prouvez-moi qu'un homme en travaillant un certain temps, peut gagner en France, un hectolitre de blé, dans tel autre pays, deux hectolitres; en Angleterre, par exemple, deux ou trois hectolitres ; en Irlande, une quantité de pommes de-terre qui équivaudra à un demi hectolitre de blé, je dirai sans crainte de me tromper : Le salaire en Angleterre est plus élevé qu'en France, et en France qu'en Irlande, ce que je n'aurais pu dire sans une appréciation en argent.

Cette expression est donc, comme vous le voyez, vraie et va au fond des choses. Car, en réalité, vous cherchez à vous éclairer sur les questions qui intéressent la classe travaillante, sur ses moyens d'existence et de bien-être. Cette observation est importante, à cause d'une troisième expression introduite par un grand économiste, Ricardo. Ricardo fait usage d'une autre expression, ou plutôt il attache un autre sens à l'expression de hauts et bas salaires, et il n'est pas étonnant que beaucoup de personnes trouvent un livre souvent indéchiffrable. C'est qu'on le lit avec l'idée de Smith : hauts et bas salaires, dans le sens que nous venons d'expliquer. Et un tort bien grave de Ricardo, à mes yeux, c'est que quelquefois il n'est pas demeuré fidèle à sa propre expression; quelquefois il est arrivé au sens de Smith, et c'est avec raison que, dans ces cas là, il est accusé d'obscurité.

Que veut donc dire Ricardo, quand il dit hauts et bas salaires? Il n'exprime au fond qu'une chose qui est scientifiquement vraie, qui est dans la nature des choses. Ricardo dit : Le travailleur et le capitaliste, le propriétaire de terres si vous voulez, travaillent en commun à un certain ouvrage, à une production quelconque. Le produit est obtenu, ce produit doit être partagé entre les deux producteurs. On prélevera les frais, les impôts, enfin ce qu'il y a à prélever; mais en définitive le produit net doit être partagé entre le capitaliste et le travailleur. Maintenant, ajoute Ricardo, si le capitaliste est placé dans des circonstances telles qu'il puisse retenir une part aliquote très-élevée du produit, supposé, par exemple, les quatre cinquièmes, que reste-t-il au travailleur? Seulement un cinquième, puisqu'il n'y a autre chose à partager entr'eux que ce produit. Si le travailleur prend une grosse part, il reste une petite part pour le capitaliste et *vice versà*. Quels sont donc pour Ricardo les hauts et bas salaires? Il y a haut salaire, lorsque le travailleur prend une quote-part élevée, et bas salaire lorsqu'il est réduit à une part inférieure. Si le travailleur ne prenait rien, son salaire serait zéro. Il commence par prendre quelque chose, un dixième, je suppose. Eh bien! voilà un petit salaire. S'il est parvenu à avoir neuf dixièmes, Ricardo dit: C'est le produit qui est bas et le salaire qui est haut.

Je dis que cela est un côté vrai de la question. Quand on s'est récrié contre cette expression de Ricardo, on devait se récrier de ce qu'il n'est pas toujours resté fidèle à sa propre idée; mais peut-on lui faire le reproche que cela a amené à considérer la question des salaires uniquement d'une manière abstraite; et un reproche plus grave, sans perdre de vue l'état réel, la situation pratique du travailleur? Je m'explique. Lors de la fameuse crise de 1825 et 1826 en Angleterre, il y avait des ouvrages en coton pour lesquels les entrepreneurs payaient huit shellings quatre deniers (un shelling vaut à peu près 25 sous de France). Il fallait, pour faire ces ouvrages là, quinze jours. Que gagnait donc l'ouvrier? Il gagnait quatre shellings deux deniers la semaine. Vous voyez que le salaire était bien bas, car cela faisait 5 fr. de France, plus une petite fraction en sus. Sur ces cinq francs il fallait vivre au jour le jour, et si l'ouvrier était marié et avait des enfans, vous voyez que la misère devait être grande et profonde dans un pays comme l'Angleterre. Dans les mines de houilles et de charbon, il y a maintenant, en Angleterre, des travaux que l'on donne à faire à tâche et pour lesquels l'entrepreneur paie deux guinées (50 fr. environ). Le travailleur lui remet, pour ces deux guinées, une certaine quantité de charbon qui est le résultat de son travail pendant une semaine. Ainsi donc, l'ouvrier qui a travaillé en coton, en 1825 et 1826, et plusieurs années après, gagnait 5 à 6 fr. par semaine, tandis que celui qui travaillait au charbon recevait 50 fr. par semaine. L'entrepreneur de coton dans ce moment là, ne vendait son produit que 8 shellings 6 deniers, dont la moitié est 4 shellings 3 deniers; il donnait 4 shellings 2 deniers à son ouvrier, que gagnait-il? Un denier! L'autre vendait son produit 2 guinées et demie; il donnait à son ouvrier 2 guinées, il gagnait donc une demie guinée. Il est évident que la quote-part de l'ouvrier était de 95 pour cent dans le produit du coton et que, dans le produit de la houille, cette même quote-part n'était que de 80 pour cent, et cependant ce dernier était fort à son aise puisqu'il gagnait 50 à 55 fr. par semaine. Vous voyez donc combien cette expression de hauts et bas salaires, suivant la partie aliquote que l'on perçoit sur le produit, peut induire à erreur sur le sort du travailleur.

Mais la manière est vraie en examinant la question sous un certain point de vue ; nous-mêmes nous ferons ressortir des conséquences économiques exactes. Mais ce n'est pas le point de vue le plus important pour l'ouvrier lui-même, pour la classe travaillante, à qui il importe peu qu'on dise d'elle qu'elle a le tiers, le quart, la moitié, les quatre cinquièmes du produit ; ce qui lui importe c'est qu'elle gagne pour suffire à ses besoins. Ricardo a examiné cette matière d'une manière trop abstraite, comme si les travailleurs n'étaient en quelque sorte qu'une machine. L'on ne peut donc pas examiner cette question sous ce point de vue exclusivement. On se dit : La machine A c'est le travail ; la machine B c'est le capital ; elles produisent ensemble certains résultats qui se partagent de certaines manières. Cette façon de raisonner suffirait s'il s'agissait de machines proprement dites ; mais lorsqu'il s'agit de la machine homme, c'est-à-dire, d'un être qui, indépendamment de ses organes mécaniques, a une vie morale et civile, qui possède l'intelligence et la moralité, il faut examiner la question sous un autre point de vue. Voyez donc, avant de suivre cette matière dans les livres, combien il importe de bien se rendre compte du sens que les auteurs attachent à cette expression de hauts et bas salaires. Avec cette idée, je crois qu'on peut admettre le livre de Ricardo ; sans doute il est concis et il demande beaucoup d'attention ; il ne peut pas se lire comme on lit un roman; mais avec cette clé et de l'attention, il est parfaitement compréhensible. Il dit: Taux des salaires, moyenne des salaires, montant des salaires. Quelquefois il s'écarte de sa propre signification.

En résumé, vous voyez que l'expression de hauts et bas salaires traduite en argent, on peut s'en servir sans crainte d'erreur, sans entendre le même temps et le même marché. Quand on veut envisager la question sous le point de vue du bien-être des classes travaillantes, il faut prendre le salaire sous le point de vue des choses nécessaires et utiles au travailleur. L'expression prise dans la signification de Ricardo n'est pas une expression fausse, qui ne réponde à rien ; elle répond en fait à un rapport économique qui mérite aussi d'être étudié, mais qui n'est pas le seul rapport, le rapport exclusif de l'étude.

Maintenant ne faudrait-il pas, avant de demander quelles sont les causes qui agissent sur le taux courant des salaires, ne faudrait-il pas se demander si l'on peut se former une moyenne, si l'on peut arriver à une moyenne en fait de salaires ? Je désire vous poser la question le plus clairement possible. Prenez tout le travail qui se fait dans un pays ; si vous voulez généraliser, prenez tout le travail qui se fait dans le monde. Ce travail est-il toujours identique dans tous les pays, dans toutes les circonstances? Le travail A est-il toujours égal, si vous le considérez comme puissance productive, au travail B, au travail C? Non, Messieurs, vous le savez tous, vous pouvez considérer les personnes, les pays, les saisons, les époques, vous ne trouverez pas identité. Un travailleur Irlandais pendant dix heures de jour ne fait pas le travail d'un travailleur Anglais. Dans une enquête faite, il y a sept à huit ans, en Angleterre, sur les salaires, il a été reconnu qu'un ouvrier qui avait travaillé en France, dans une province où le travail est fort et actif, en Alsace, avait déclaré que le travailleur Français produisait moins que l'Anglais. Faisons la part de la partialité nationale, mais il est possible que cet ouvrier Anglais, habitué en Angleterre à tenir son salaire au niveau de ses besoins, ait en effet acquis une puissance de travail plus forte que le Français. Si vous voulez prendre non plus l'individu, mais un groupe d'individus, est-ce la même chose que le travail de cinquante jardiniers, ou bien dans le même temps de cinquante forgerons, ou de cinquante mineurs? Y a-t-il identité entre le travail d'hiver et le travail d'été, entre le travail de l'homme du nord et de l'homme du midi?

Et puis, revenez aux individus; j'ai dit : Il peut y avoir des différences d'individu à individu. Ainsi, supposez Raphaël et puis un peintre habile; si vous voulez, à côté de Raphaël placez un des Carrache, et puis à côté placez un peintre moins habile, et puis arrivez à un peintre d'enseignes. Le travail manuel est le même; peut-être même qu'un peintre d'enseignes travaille plus vîte que Raphaël. Les faits étant les mêmes, on peut négliger cet élément. Maintenant, faites travailler Raphaël un mois, et puis faites travailler ce peintre d'enseignes pendant le même espace de temps, vous aurez des résultats très-différens.

Comment, en présence de ces faits si variables, pouvez-vous arriver à vous faire l'idée d'une moyenne en fait de travail, et d'une moyenne en fait de salaire? Quand je vous dirai ce qu'est le travail d'un pays, c'est-à-dire : Pendant vingt-quatre heures de travail, qu'obtient-on en Irlande, en France, en Angleterre? Et plus encore, si je vous demande : Quelle est la moyenne du prix du travail? Le travail peut encore être envisagé comme marchandise; le travail s'achète. Eh bien! si je demande : En France quel est le prix du blé? un grand nombre d'individus qui connaissent les mercuriales vont me le dire. Mais si je demande : Quelle est la moyenne, en France, du prix du travail considéré comme marchandise, comme le blé, je ne crois pas que la réponse soit aussi facile; et cependant on peut se demander : Que vaut, dans un pays donné, l'œuvre d'un homme pendant vingt-quatre heures; comme on se demande : Que vaut un hectolitre de blé? ne serez-vous pas tenté de me répondre : Voilà ce qu'on donne de salaire. N'est-ce pas la même chose? Le salaire est le prix du travail. Mais non, vous répondrai-je, ce n'est pas la même chose, parce que, d'abord, il faudrait arriver à la moyenne des salaires. Mais comment y arriverez-vous? quelle est la moyenne, en France, où il y a les ouvriers proprement dits, et puis tous les autres travailleurs, jusqu'au premier écrivain, jusqu'aux premiers fonctionnaires publics? Tout cela sont des travailleurs qui obtiennent une certaine rétribution de leur travail.

Cependant, examinons les causes qui influent sur le taux courant des salaires. Pouvez-vous faire cette recherche pour chaque espèce de travail et de salaire? C'est impossible. Ne faut-il pas arriver à des vérités économiques qui seraient également applicables à toutes ces questions de travail? Sans cela, il n'y aurait pas de science; la science consiste à remonter à ces généralités. Il faut bien pourtant se faire une idée exacte, malgré l'apparente multitude des élémens; il faut chercher un fil qui conduise dans ce labyrinthe. Je n'ose pas dire que nous arriverons là d'une manière directe et facile, car c'est un travail aussi nouveau. Cependant, quand nous n'arriverions pas même au résultat que nous espérons, je m'en consolerais si, comme je m'en flatte, cette tentative suffit pour que vos esprits s'occupent de ces questions, de ces matières, et puissent arriver avec moi à ce qu'un enseignement peut avoir de plus utile; c'est de solliciter la méditation de ceux qui écoutent, sur une question qui en est assurément bien digne.

Or, Messieurs, quel que soit le travailleur, il y a des élémens divers et l'élément commun. Je dis que l'élément commun, on peut l'appeler le travail proprement dit, et que le reste au fond rentre dans d'autres catégories, dans la catégorie du capital, et puis, j'oserai dire autre chose, dans la catégorie des fonds de terre.

Je reprends les peintres, dont je vous parlais tout à l'heure : Raphaël, et, en descendant, jusqu'à un peintre d'enseignes, qui est un ouvrier; et puis, descendant encore plus bas, si vous voulez, ce peintre d'enseignes aurait avec lui un ouvrier pour broyer ses couleurs. Vous partez donc d'une haute intelligence, vous partez du génie, et vous arrivez à la main-d'œuvre. Maintenant, quelle est la situation économique de ces personnes? Ce dernier est un travailleur, au pied de la lettre; il n'est que cela. C'est bien l'action mécanique qu'il donne à l'œuvre. Le peintre d'enseignes a appris à peindre; il n'a pas eu de succès, mais enfin il y a eu pour lui un apprentissage qui a probablement coûté quelque chose, ou d'une manière positive, ou bien par le sacrifice de son temps et de son travail en faveur de son maître. Il y a donc là, outre le travail, un capital accumulé; vous pouvez le considérer à la fois comme travailleur et comme capitaliste.

Mais maintenant, arrivez beaucoup plus haut, arrivez à l'homme qui en a su plus que son maître, et qui, au talent acquis, a ajouté l'étude des bons modèles. Être Raphaël ou ne pas l'être, c'est un don de la nature, qui peut se développer ou ne pas se développer; mais quand le poète a dit: *Poetæ nascuntur*, il a dit vrai; peut-être a-t-il exagéré quand il a dit : *Oratores fiunt.* Eh bien! le peintre d'enseignes vous demandera quelque chose de plus que le salaire du simple ouvrier, puisqu'il vous demandera le profit de son petit capital accumulé; puis vous trouverez un peintre dont l'apprentissage a été plus long, plus coûteux, il demandera davantage, parce qu'il a dépensé davantage; puis, en remontant toujours, vous arrivez aux hommes de génie; alors vous faites peu de phrases, surtout dans un temps où on les paie. Je dis, moi, qu'il y a là un rapport, malgré que tout cela semble n'en avoir aucun.

Quand J.-J. Rousseau recevait, si ma mémoire ne me trompe pas, 5 ou 6,000 francs pour l'*Emile,* qu'est-ce qu'on payait les livres? Très peu. Aujourd'hui, si J.-J. Rousseau vivait, probablement il vendrait ses livres énormément. Pourquoi les vendait-il alors si peu, et les vendrait-il si cher aujourd'hui? C'est parce que de son temps, le roman de la portière ne se vendait pas, et qu'aujourd'hui on vend même le roman de la portière.

Plus le prix de la marchandise monte, et plus monte la rente, nous l'avons dit. Mais si le taux moyen du profit et du salaire reste le même, la concurrence ramène toujours un certain niveau, tandis que la terre n'a pas de concurrence. On ne peut pas fabriquer des champs et des forêts; la rente tient à l'appréciation de ces dons et de ces forces naturelles; c'est là la vraie cause, la cause intime de la rente. Eh bien! ce que vous donnez à un homme de génie, c'est parce qu'il est, lui, propriétaire exclusif d'un don naturel; et si le prix des œuvres s'élève, quand le taux du profit et des salaires reste le même, c'est parce qu'il y a autant de fabricans de bas et de peintres d'enseignes qu'on veut. Toute la différence se résout dans une augmentation de gain pour celui qui possède le génie naturel.

C'est encore la même chose pour les fonds de terre. Portez le blé à 100 fr. l'hectolitre; sans doute il y a beaucoup de gens qui mourront de faim. Mais qui profitera de ces 100 fr.? Supposez que tous les baux finissent ce jour-là, c'est le propriétaire foncier qui en profitera; parce que si le capitaliste ne voulait pas travailler, il en arriverait mille autres qui travailleraient, tandis qu'il n'arrivera pas mille champs nouveaux. De même lorsque dans des productions qui sont le résultat d'un don naturel, le prix s'élève parce que les besoins sociaux sont une nécessité de ces productions là, à qui servent-elles? au capitaliste? non; elles profitent à celui qui a une sorte de monopole que la nature lui a accordé.

On n'a donc pas assez en général d'idées des effets économiques résultant de l'appréciation des dons naturels, par cela même que cette appréciation devient exclusive. Elle ne s'applique pas seulement aux fonds de la terre; il y a même cette différence que, pour les biens territoriaux, on a imaginé de défaire cette appréciation, on a imaginé de choses où elle n'existait pas. Eh bien! nous l'avons dit, tout le développement de la richesse nationale se perd alors. Mais quant à l'appréciation des dons de la nature, c'est un résultat nécessaire de la nature des choses; quand ces produits ont peu de valeur, les dons naturels rendent très peu. Quand ces dons, par le développement des esprits, montent de prix, le haut prix n'est ni salaire ni profit, il se résout (passez-moi cette expression banale pour le plus beau don que la providence ait fait à l'humanité), il se résout en salaire de l'intelligence.

Raphaël, peintre, qui travaille, est à-la-fois son travailleur, son propre capitaliste et le possesseur d'un don naturel. Il est alloué à Raphaël tant pour un tableau. Est-ce un salaire? non; un profit? non. Est-ce une rente intellectuelle? non plus. C'est tout cela à la fois, c'est-à-dire qu'il y a là dedans le salaire de Raphaël travailleur, le produit de Raphaël capitaliste, parce qu'il a fait un apprentissage, parce qu'il a acheté des couleurs, des pinceaux, des brosses, ainsi de suite. Et puis le surplus, ce n'est ni un salaire, ni un capital, c'est la rétribution du don naturel qu'il possède et qui est l'effet du prix que les productions de cette nature obtiennent sur le marché; de même que la rente du propriétaire territorial est l'effet du prix que les productions agricoles obtiennent sur le marché.

TROISIÈME LEÇON.

3 mai 1836.

A la fin de la dernière leçon, nous avons fait remarquer que toutes les fois qu'on veut se faire une idée exacte du taux moyen des salaires, soit relativement à un pays, soit relativement à une époque; ou bien toutes les fois qu'on veut comparer le taux des salaires, avec le juste prix, le coût réel du travail dans un pays, il fallait pour ne pas s'exposer à des erreurs grossières, avoir soin auparavant de réduire l'élément du travail à son expression la plus simple, le séparer de tout ce qui peut réclamer une part dans le produit à d'autre titre qu'à celui du travail et du travailleur. Et après avoir signalé ce que tout le monde peut facilement observer, les grandes variétés et les irrégularités apparentes qui se rencontrent dans l'observation de ce fait économique, le travail; lorsqu'on porte ses regards soit dans des pays différens, soit à des époques diverses, soit même dans le même pays, à la même époque; après avoir dit que quelques-unes de ces variétés, de ces irrégularités étaient apparentes, nous avons fait remarquer qu'au fond une cause principale de ces irrégularités apparentes, c'est la réunion chez les mêmes personnes de deux, quelquefois de trois qualités différentes. Nous avons fait remarquer que souvent la personne qui se présente et réclame sa quote-part comme travailleur, est au fond à la fois un travailleur, un capitaliste, un propriétaire d'un don naturel, qu'on peut réellement comparer à un propriétaire foncier, propriétaire de choses qu'on ne peut pas accroître ou multiplier à son gré.

Dès lors, il est évident que les règles économiques, qui s'appliquent au fait de la propriété foncière, au fait de la possession des capitaux, ce qui, cumulé dans ces personnes, fait qu'elles ont à la fois, dans une quotité plus ou moins grande, les salaires du travailleur, ou pour parler plus correctement, la rétribution du travailleur, les profits du capitaliste, et puis une rente analogue à celle qu'obtiennent les propriétaires fonciers; analogue par la nature des faits dont elle résulte, analogue parce que, comme la rente du propriétaire foncier, elle n'est pas la cause, mais l'effet du prix, parce qu'elle croît avec le prix, les salaires et les profits restant les mêmes. Si le prix ne change pas, mais que par les circonstances du marché les salaires et le profit baissent, cette rente augmente parce qu'encore une fois elle recueille tout ce que les deux autres élémens ne donnent pas; je l'ai appliquée comme exemple au génie de la peinture, vous pouvez l'appliquer à d'autres dons naturels. Au surplus, il serait bien difficile de dire *à priori* pourquoi la propriété d'un don naturel qui s'appelle terre ou mine, donnerait tels ou tels résultats économiques, et pourquoi la possession, qui est encore bien autrement exclusive d'un don naturel, qui est pour ainsi dire incorporé avec votre personne, ne donnerait pas les mêmes résultats.

Il faut donc avant tout, et je crois cette observation aussi importante en théorie qu'en pratique, il faut avant tout dégager les élémens du travail de ces autres élémens, pour pouvoir établir des comparaisons rationnelles, et je crois que nous arriverons plus facilement que les économistes ne l'ont fait jusqu'ici, à nous rendre un compte exact de ce fait de l'irrégularité et des variations dans les salaires et dans le prix du travail. Adam Smith, dont vous connaissez tous l'étonnante sagacité d'esprit, ce rare talent du grand homme, qui consiste à débrouiller dans des faits passés depuis des siècles, ce que personne n'y avait vu avant lui; Adam Smith a porté aussi son esprit observateur et cette sagacité dont je parle, sur ce fait de l'irrégularité et de la variété, apparentes du moins, dans les taux des salaires de pays à pays, d'homme à homme, et il a voulu en rendre compte et en donner une explication, en disant que cela tenait à cinq causes principales. Permettez-moi de vous les rappeler, parce que c'est là tout le point de la science qu'il importe de bien éclaircir. Il a dit : Ces variations tiennent, les unes à la nature agréable ou pénible du travail. Ainsi, rien de plus naturel qu'un jardinier, que tel autre ouvrier que vous employez à faire des choses peu fatigantes, amusantes même, obtiennent un salaire inférieur à celui de l'ouvrier que vous occuperez à un travail pénible. Voilà une cause.

Une seconde cause, dit-il, consiste dans la facilité et le bon marché, ou bien dans la difficulté et la cherté de l'apprentissage. Ainsi, il est tout naturel d'après cette cause, dit-il, qu'un jurisconsulte qui a travaillé pendant de longues années, qui a fait des avances considérables pendant de longues années, pour arriver enfin à pouvoir exercer cette profession, obtienne un salaire supérieur à celui du tailleur de pierres, de l'ouvrier chargé de réparer une route, et dont tout le talent consiste à se servir du marteau. Voilà la seconde cause indiquée par Smith.

La troisième, c'est que tous les emplois n'offrent pas la même certitude d'occupation et de travail pendant toute l'année. Ainsi, un ouvrier boulanger est à peu près certain de travailler toute l'année; mais un aide-chirurgien, s'il n'est pas dans une grande ville où les accidens sont fréquens, pourrait très bien, s'il était payé à la journée ou à la tâche, passer quelquefois des mois sans rien gagner.

Une quatrième cause, c'est le plus ou moins de confiance qu'exigent certaines professions et que l'on accorde à tels ou tels hommes, à telle ou telle classe d'individus. Ainsi, continue Smith, il n'est pas étonnant que vous payiez un garçon de caisse plus que vous ne payez l'ouvrier employé à balayer l'étude ou la porte de la maison, parce que vous aurez besoin de trouver, pour garçon de caisse, un homme de confiance pour éviter d'être volé. Dès lors, l'augmentation du salaire tient à cette confiance spéciale que vous devez lui accorder, et comme cette confiance spéciale que vous devez lui accorder, comme cette qualité n'est pas tout-à-fait commune, vous augmentez le salaire de ceux chez qui vous la trouvez.

Enfin, la cinquième cause que signale Smith, c'est la probabilité plus ou moins grande de réussir dans la nature d'occupation à laquelle on se voue. Ainsi, dit-il, un homme se voue à la médecine; réussira-t-il ou non? Il y a là une chance à courir, parce que s'il ne réussit pas, il peut causer la mort de ses malades, et alors il s'élève des plaintes contre lui. Mais s'il veut se vouer à l'art du danseur et qu'il ne réussisse pas, il n'y a pas d'entrepreneur de théâtre qui se plaigne de lui, et il n'aura perdu que son temps et sa danse. Dès lors, il est tout naturel que celui qui se voue à une profession libérale obtienne, s'il réussit, un salaire plus grand que tout autre qui est presque toujours sûr de réussir dans un travail simple.

Mais on ne pourrait pas dire que les causes que Smith signale ne sont pas des causes naturelles; et si l'on voulait procéder ainsi, cinq et dix ne suffiraient pas; et il est vrai aussi qu'au fond la plupart de ces causes rentrent dans celles que nous avons signalées. En effet, quand vous appelez un ouvrier et que vous lui demandez un travail, comme il y en a malheureusement beaucoup qui attaquent la vie humaine, comme certains ouvrages en plomb et autres matières minérales, dans lesquels l'expérience et la statisque prouvent que l'ouvrier n'atteint guères le terme moyen de la vie; est-ce que vous lui demandez seulement son travail? Non, vous lui demandez tous les jours une parcelle de son existence. Vous lui demandez ce que vous ne demandez pas au jardinier qui vivra comme tous les hommes vivent s'il est heureusement constitué. Dans son travail, il n'y a rien qui porte atteinte aux sources de la vie, mais dans d'autres c'est le contraire. Ainsi, vous demandez à certains ouvriers une portion de leur vie moyenne; mais c'est leur capital, leur propriété : donc ce n'est plus uniquement leur travail que vous leur demandez, vous leur demandez quelque chose de plus. Mais peut-être que l'ouvrier à qui vous demandez ce travail, s'il a vingt ans, ne travaillera pas jusqu'à quarante. Celui qui a devant lui une carrière de quarante, cinquante ans, peut chaque année compter sur telle ou telle économie qui, quelque faible qu'elle soit, pourra au bout de quarante ans être assez considérable, tandis que l'autre peut à peine compter sur une carrière de vingt ans.

Il en est de même pour l'apprentissage. Plus l'apprentissge est long et difficile, plus on fait d'avances pour parvenir à la capacité que l'on veut acquérir, plus on est à la fois capitaliste et travailleur; c'est donc une réunion à un degré plus élevé de l'élément capital avec l'élément travail. Quant à la probabilité plus ou moins grande de réussir, qui s'applique particulièrement à ceux qui se vouent aux beaux-arts, cela veut dire ou cela revient à dire seulement que, pour réussir, un don naturel serait nécessaire. Ceux qui le possèdent profitent de cette prérogative, de ce don qui n'est pas commun; comme un propriétaire d'une mine, d'une terre, profite de cette circonstance que tout le monde n'a pas des mines, des terres. C'est donc en parlant de la rente qu'il ne serait pas exact de l'appeler un monopole, parce que le monopole est ce qui est produit artificiellement par des mesures législatives; ici ce n'est pas le législateur qui fait qu'il n'y a pas plus de dons naturels qu'il n'y en a, mais il n'est pas moins vrai que ce sont là les conséquences de ce fait que la possession de ce don naturel ou de ces qualités n'est pas commune à tout le monde. Tout le monde a des bras, des jambes, mais tout le monde n'a pas de génie.

Sans aller plus loin, vous voyez combien l'explication que nous avons donnée se prête aux cas particuliers qu'on peut imaginer; elle n'est qu'une généralisation tirée de ces faits particuliers. Prenez par exemple les matelots, c'est une assurance sur la vie; il faut leur payer les risques qu'ils courent, les dangers auxquels ils s'exposent et auxquels ne s'exposent pas les travailleurs d'un champ. Si vous renfermez les termes de comparaison dans une époque vague, nous sommes habitués à ces expressions. Ainsi on dit : Quel est le salaire dans tel pays? l'habitude est de répondre : Tant par jour. On dit : L'ouvrier dans mon pays gagne 1 fr. 50 c., 2 fr., 3 fr., 5 fr. ; mais si réellement on prenait cette expression à la lettre, que signifierait-elle? quelles bases fournirait-elle? Aucune, car qu'est-ce que le gain d'un jour pour un homme? Y aurait-il quelque chose de rationnel dans mes procédés si j'allais, tout juste, choisir un jour où il y aurait, dans un pays, une circonstance qui portât les salaires à 10 fr., et dire : Les salaires dans ce pays sont de 10 fr. par jour? Il faut donc prendre une époque plus rationnelle, qui est l'année, parce que l'année renferme les saisons diverses, et que c'est là le signe le plus commun pour la réalisation de la plus grande partie des opérations productives, entre autres de la production agricole. L'année tient compte des jours de chômage comme des jours de grand travail; il faut donc calculer sur l'année et non sur le jour, et tenir compte de la différence de pays.

Or, quand vous prenez l'année pour terme moyen, l'observation de Smith, qui est vraie, n'est cependant pas exacte; car quand vous demanderez quel est le salaire de cet aide-chirurgien dont il parle, si vous voulez prendre un jour vous ne le saurez pas, parce qu'il peut gagner un jour 20 fr. et d'autres jours pas un sou; mais dans l'année la paie sera à peu près toujours la même. Quand il vous dira : Cette année j'ai gagné 500 fr., 1,000 fr., vous pouvez parier, à 50, 60 fr. près, qu'il vous dit vrai, parce que les chances se balancent assez dans le terme d'une année. Si vous prenez dix ans, vous approcherez davantage encore; c'est une règle de calcul que plus vous alongez le temps pour prendre la moyenne, plus la moyenne approche de la vérité. C'est aussi une raison pour prouver que, s'il faut s'arrêter à la moyenne, il ne faut pas descendre plus bas : dès lors l'observation des chances d'emploi perd de son importance; car le taux des salaires doit être considéré comme fixé à l'année. L'ouvrier demande son salaire et y a droit; c'est donc à l'année et non proportionnellement aux jours.

Cependant je reconnais que, même après qu'on aura ainsi détaché de l'élément travail tous les autres élémens; même après qu'on aura dégagé le travail de tout ce qui n'est pas travail, je reconnais que même alors le travail seul offre ces variétés de peuple à peuple, d'époque à époque, de climat à climat, de saison à saison, d'individu à individu, dont nous avons parlé. Sans doute, et pourquoi cela ? Par des causes indépendantes de l'homme, et par des causes inhérentes à l'homme. Par des causes indépendantes de l'homme, car vous ne ferez jamais que la constitution de l'homme, étant donné un homme sous un soleil brûlant, puisse travailler comme travaille un homme d'un climat tempéré ou froid. Vous ne ferez pas que les jours, qui dans certains pays sont très longs et dans d'autres très courts, ne soient pas longs ou courts suivant le méridien du pays dont il s'agit. Or, cette seule circonstance influe sur le travail, parce qu'il est bien plus difficile de travailler à l'aide de la lumière artificielle qu'à l'aide de la lumière naturelle.

Mais appelez les causes inhérentes à l'homme.

Nous parlons ici de l'état sensible, de l'âme intelligente; nous parlons de l'être doué de spontanéité, d'action propre et spontanée; dès-lors il faut tenir compte sans doute, non seulement des faits extraordinaires et nécessaires, mais encore des faits intérieurs. Tout le monde le sait, deux ouvriers que la nature a doué de la même force physique, de la même capacité musculaire, placés exactement dans les mêmes circonstances, ne travaillent pas de la même manière; voilà pourquoi le travail de l'homme esclave est bien moins productif que celui de l'homme libre, parce que l'esclave travaille sans perspective de récompense; parce que l'esclave sait que, quel que soit son travail, ce travail, s'il est fort, peut bien le soustraire à quelques mauvais traitemens, mais il sait qu'il n'y a point pour lui d'avenir à attendre. Il sait qu'il n'est pas le maître de ce qu'il fait, il n'a pas d'associé : l'avenir, pour lui, est un avenir en quelque sorte perdu. Et voilà pourquoi le travail de l'homme plongé dans une profonde misère est moins productif que le travail de l'ouvrier qui est tant soit peu à son aise; parce que l'un travaille avec une sorte de découragement, et que l'autre, au contraire, a toujours devant les yeux un avenir meilleur auquel un travail actif peut puissamment contribuer. Et voilà encore pourquoi le travail des condamnés est fort inférieur, comme œuvre du moins, au travail des hommes qui ne se sont rendus coupables d'aucune mauvaise action. C'est une observation constante, moi-même j'ai eu occasion de la faire ayant été pendant dix ans l'un des administrateurs d'une maison pénitentiaire; eh bien! malgré tous les efforts que l'on faisait pour inspirer aux condamnés ce sentiment qui anime le travail de l'homme libre, jamais on n'a pu arriver à ce résultat, et cependant le nombre des condamnés, dans cette maison, était bien petit, et les portes de l'espérance n'étaient fermées à aucun d'eux; car, dans le pays dont je parle, les condamnés, même à vie, pouvaient, par une bonne conduite, obtenir leur pardon, et au bout d'un certain temps la remise du restant de leur peine. Mais c'est une chose qui tient à cet état de condamné, de travailleur forcé; et puis cela tient encore à ces mauvaises habitudes, à ces penchans corrompus qui avaient fini par l'amener sur les bancs de la justice.

Sans doute toutes ces causes apportent des différences énormes dans toutes les classes de travailleurs, parce qu'encore une fois, le travailleur est un être sensible, libre et qui peut user admirablement, comme il peut abuser, de sa liberté. Mais, lors qu'ayant ainsi dégagé la question, autant que possible, de tous les élémens qui peuvent y apporter des perturbations; bref, quand vous arrivez à ce résultat, qu'en demandant quel est le taux des salaires, vous demandez quel est le prix du travail, parce que quand le travail est réduit à ses élémens les plus simples, un moment de réflexion vous fait comprendre qu'il n'y a plus de différence entre le prix du travail et le taux des salaires, alors vous direz du travail ce que vous dites de toutes les autres marchandises et denrées, ce que vous dites du capital, c'est-à-dire, qu'au bout du compte, le salaire est commun pour tout le monde. Je m'explique :

Prenez mille ouvriers, dont chaque cinquante ouvriers seront appliqués à un travail différent. Dégagez la question de l'élément dont nous avons parlé ; donnez-moi ces mille ouvriers réduits chacun uniquement à la qualité de travailleur ; nous les supposons tous à peu près doués de la même force et déployant la même énergie dans leur travail. Une fois le problème réduit à ces termes, je dis qu'ils recevront tous le même salaire, parce que le jour où les cinquante ouvriers employés à faire, par exemple, des souliers, recevraient un salaire plus fort que les cinquante ouvriers employés à faire des cribles, ou tout autre chose, cette inégalité se faisant sentir à l'ouvrier moins rétribué, celui-ci laisserait là son travail de cribles et se porterait au travail des souliers. Mais, me direz-vous, l'ouvrier qui fait des cribles, ou même le simple journalier qui brise des pierres sur une grande route pour l'entretien du chemin, ceux-là ne peuvent pas faire de souliers. Sans doute, mais même alors qu'arrivera-t-il? C'est que le père de plusieurs enfans qui verra que le salaire des ouvriers cordonniers est plus élevé que le salaire des coupeurs de pierres, fera ses enfans cordonniers et amènera ainsi l'égalisation économique, si l'on peut parler ainsi. Sans doute cette inégalité n'arrivera pas dans quinze jours, dans un mois, dans un an; n'importe, elle arrivera dans deux, dans trois, dans dix ans. Il arrive, tous les jours, que, quand on est obligé, faute d'ouvriers suffisans, d'élever le prix d'une main-d'œuvre, l'ouvrier ne tarde pas à arriver; il quitte les travaux les moins productifs, et puis il en arrive de tous côtés. Cela nous amène à une observation incidente qui vaut la peine toutefois d'être faite. Voilà donc le travail relativement au salaire, exposé exactement comme toutes les autres marchandises.

Ainsi, supposez un département frontière où survient tout-à-coup un triplement de demande de travail; il arrivera que les salaires augmenteront. Mais si la même circonstance ne se présente pas dans les autres départemens, ou bien dans les pays étrangers voisins, il arrivera qu'un grand nombre d'ouvriers entreront et qu'il y aura importation de bras. C'est ainsi que, dans une partie de la Suisse, la moitié des ouvriers sont étrangers. Allez dans les cantons de Vaud et de Genève, les salaires sont très élevés, les ouvriers sont à leur aise, et malgré cela, la moitié sont étrangers, Savoyards, Français, Italiens, etc. Ainsi donc on importe des bras, et alors le salaire est ramené à un certain taux. Mais il est sûr que, dans les cantons de Vaud et de Genève, si tous les ouvriers étrangers venaient à quitter tout d'un coup, les salaires augmenteraient de cinquante pour cent, et même il y a des professions qui ne pourraient pas être exercées par les gens du pays.

C'est la loi commune à tous dans la même marchandise, comparant ici le travail à une denrée. Maintenant, si les ouvriers d'un pays disaient : Mais cette concurrence nuira à nos salaires, nous ne voulons pas que ces bras étrangers s'importent, parce qu'ils travaillent à meilleur marché que les nôtres. On trouverait cela absurde. En effet, il n'y a pas d'économistes qui ne dise que cela est absurde et que malgré l'avantage momentané que cela produirait pour certains ouvriers, en définitive, cela nuirait à tout le monde. Ainsi, si les ouvriers disaient : Point de bras étrangers, point de concurence, ils diraient une absurdité.

Mais quand les possesseurs de terres font le même raisonnement, sont-ils moins absurdes que les ouvriers ? En économie politique il n'y a pas de différence réelle. Si l'argument était bon pour les uns, il serait bon pour les autres. Si, comme j'en ai la conviction, il était absurde pour les uns, je ne conçois pas comment il ne serait pas absurde pour les autres. L'un dit : Point de blé étranger ! l'autre, Point de coton étranger ! parce que l'importation de ces denrées en fait baisser le prix ! mais le consommateur, qui est bien aise de profiter de cette baisse de prix, dit comme l'économiste que, dire point de denrée étrangère, point de marchandise étrangère, point de bras étrangers, c'est dire une grande absurdité.

Au surplus, cette grande et belle question que nous effleurons à peine ici, nous la traiterons ailleurs. En attendant, ayant bien simplifié la question, l'ayant réduite à ses moindres termes, il est temps d'entrer dans la recherche du véritable développement de la science économique, c'est-à-dire, de se demander quelle est la cause qui règle en définitive le taux des salaires.

Messieurs, je suis fâché d'être obligé de convenir qu'il y a à cet égard quatre ou cinq systèmes différens, quatre ou cinq systèmes dont le plus répandu, le plus connu, celui qui est à peu près dans les mains de tout le monde, est celui qui dit : Le taux des salaires dépend de l'offre et de la demande. Mais pour ceux qui cherchent dans la science autre chose qu'une formule pratique, à peu près comme certains ingénieurs ne demandent aux mathématiques que des formules d'application, se souciant peu au fond de remonter à leur source, il faut en convenir, cette formule là est vraie. Il est vrai que le taux des salaires dépend de l'offre et de la demande, comme toute autre chose ; mais, j'en demande pardon à messieurs les économistes, c'est s'arrêter à la surface des choses. L'offre et la demande sont une cause matérielle, une formule pratique, mais ce sont les effets qu'il faut voir. Pourquoi, sur le marché, l'offre est-elle plus telle que telle ? et pourquoi la demande est-elle également plus telle que telle ? Voilà la science, voilà le fond vrai de la question. Dire : L'offre et la demande varient, donc le prix, donc le salaire varient, c'est s'arrêter à l'examen du premier fait matériel qui frappe vos yeux. Cela reviendrait à peu près à demander : Pourquoi cet homme a-t-il donné un coup de poing à un autre ? C'est que cet homme a un poing. Sans doute, il a un poing, car, à coup sûr, sans cela il n'aurait pas pu en donner un coup.

Mais comment son poing tient-il à son bras? et comment son bras tient-il à son corps? et comment se fait-il qu'ayant la volonté de donner un coup de poing, cette machine pendue à son épaule se lève et s'abaisse pour donner ce coup de poing? Vous comprenez qu'alors c'est une autre question.

Il faut donc essayer de pénétrer plus avant; dût-on échouer dans cette tentative, la tentative est digne, et il est difficile que la science n'y gagne pas quelque chose, en cherchant ainsi à l'explorer jusque dans ses profondeurs.

Quelle doit être, dans notre sens, la véritable formule explicative de la hausse ou de la baisse des salaires? Voilà quelle sera la matière de notre prochaine leçon.

SEPTIEME LEÇON.

7 mai 1836.

Messieurs,

Apres nous être occupés des lois générales qui reglent le taux des affaires, il faut examiner les questions d'économie politique qui influent le plus directement sur le bien-être des populations, car il ne faut pas perdre de vue une circonstance particuliere des effets économiques dont nous nous occupons. Les oscillations du marché, relativement aux taux des salaires, ne sont pas comparables par leurs résultats aux oscillations du marché, relativement à tous autres objets. C'est-à-dire, pour prendre un exemple tout-à-fait matériel, il se trouve sur le marché dix mille paires de souliers au dessous des besoins réels de la demande en souliers du marché de Paris, ou de quatre ou de cinq départemens de France. Sans doute cela pourra produire sur le prix de chaque paire de souliers une tres-légere augmentation, mais l'inconvénient se résoudra surtout en ce qu'il y aura un certain nombre de personnes qui, au lieu de s'approvisionner immédiatement de souliers, retarderont quelque temps avant d'en acheter.

et il n'y aura pas une lutte acharnée sur la quantité de souliers existant dans le marché. Vous voyez cela très-souvent.

Mais supposez qu'au lieu de dix mille paires de souliers, il y eût dix mille hectotilres de blé au-dessous des besoins du marché d'une population donnée. Quand même ces dix mille hectolitres de blé ne seraient qu'une partie très-faible de la quantité nécessaire à la subsistance de cette population, vous verriez, la raison vous le dit, et l'expérience l'a toujours démontré, vous verriez une hausse extraordinaire dans le prix du blé, pourquoi? Parce qu'il n'est plus question là, d'une jouissance ou d'une commodité qu'on puisse retirer ou à laquelle on puisse suppléer de quelque façon. Il est question de vivre, il s'agit de la vie pour une portion de la population, et par conséquent la lutte et la concurrence seraient telles, que quand même le déficit est faible, la hausse du prix est excessive.

Eh bien! la question du salaire a la même importance; car le raisonnement nous dit, et l'expérience nous prouve également que, lorsque dans un pays il y a une portion, même faible, d'ouvriers qui se trouvent sans travail, et par conséquent sans salaire, comme le salaire est pour eux l'existence, par la même raison, le même phénomène se renouvelle. Il y a une lutte, une concurrence qui fait baisser le taux des salaires au-dessous de ce qu'il baisserait par un semblable manque d'équilibre en toute autre marchandise ou denrée.

L'ouvrier sans travail frappe à la porte constamment, et par cela seul déprécie le travail de l'ouvrier employé, y répand l'alarme par ses plaintes, et la baisse des salaires dépasse le déficit réel. C'est donc une question de travail que celle du rapport entre les salaires et le travail.

Je vous ai dit, dans la dernière leçon, que la formule la plus ordinaire est celle qui consiste à dire, que ce rapport dépend de la loi qui règle les salaires, qui n'est autre chose que la loi de l'offre et de la demande. C'est-à-dire, que le salaire est, en raison directe de la demande du travail, et en raison inverse de l'offre de ce même travail. Nous ne contesterons pas la vérité de la formule; cependant nous dirons que c'est une formule qui ne rend compte que des faits extraordinaires et ne donne pas un fil conducteur, pour arriver au fond même de la question.

J'en dirai à peu près autant d'une autre formule qui consiste à dire que la loi des salaires se trouve dans la proportion entre le capital et le nombre des travailleurs. Sans doute, si les deux termes de la formule étaient rigoureusement définis et très-clairs, ils pourraient en quelque sorte répondre aux besoins de la science. Il y aurait là un pas de plus, fait vers le fond même de la question, que dans la première formule. Mais j'ai eu l'occasion de vous en parler dans la première partie de ce cours. Qu'est-ce que le capital? Quelle est la signification de ce mot dans la langue des économistes et dans la langue générale? C'est un mot dont la signification n'est pas plus rigoureusement déterminée dans l'une que dans l'autre de ces langues. Et même nous avons dû bien déterminer le sens que nous attachions à ce mot, en nous écartant, à notre tour, de la signification qu'on lui donne, même dans les ouvrages des économistes.

On entend, en général, par capital, une richesse quelconque. La plupart des économistes entendent par capital, toute la portion de la richesse appliquée à la reproduction de la richesse elle-même ; ils y comprennent, contre notre avis, précisément le salaire que l'entrepreneur paie à l'ouvrier, au travailleur, ce qui, selon nous, n'est pas partie du capital, parce que cela supprimerait le deuxième élément spontané de la production, je veux dire le travail, et ferait un double emploi. Cette formule a donc l'inconvénient de se prêter à tous les systèmes, et par conséquent, à toutes les contradictions possibles. En effet, pour en citer un exemple, supposez que demain on importât en France, ou qu'on découvrît dans le sol français, une grande quantité d'or ou d'argent, de manière que la richesse métallique monétaire de la France se trouvât presque doublée. Et puis, demandez, je ne dis pas au Marché-aux-Herbes, mais à la Bourse, ce qui est arrivé au capital français; on vous dira qu'il est fort augmenté. Mais, fût-il ou non augmenté, la réponse dépendrait d'un ensemble de circonstances. Quelle serait cependant l'influence sur la question qui nous occupe de ce doublement de la richesse métallique française en monnaie? Quel serait son effet sur les salaires? Hélas! probablement elle serait sans aucun avantage pour les ouvriers, et peut-être pendant assez long-temps, elle leur serait funeste. Je dis que pendant assez long-temps elle leur serait funeste, car l'ouvrier comprendrait la question plus tard que l'entrepreneur. Celui-ci continuerait à lui donner quarante sous par jour; l'autre croirait recevoir toujours quarante sous par jour; ce ne serait plus vrai, il n'en recevrait plus réellement que vingt, parce que le prix aurait doublé. Ainsi, voilà un changement dans ce qu'on appelle vulgairement le capital, qui n'aurait aucune influence utile, qui peut-être pendant long-temps aurait une influence funeste sur le sort de l'ouvrier salarié.

Je suppose encore que demain, il arrive en France, cinq ou six milliards en diamans. Voilà, j'espère, un capital! Eh bien! quelle serait l'influence de cette importation sur le sort des ouvriers? Directement, aucune; il serait même difficile d'en examiner une. Il arriverait que ces cinq à six milliards en diamans (l'usage de cette denrée n'est pas très-varié, le marché n'en est pas très-étendu, mais enfin il y a un marché, un usage), eh bien! il arriverait que les diamans baisseraient de prix. Telle beauté qui, aujourd'hui, ne peut pas s'en parer, ou qui est obligée de tromper les yeux du spectateur en portant des imitations de diamant de nulle valeur, aurait de véritables diamans. Celle qui, aujourd'hui, se contente d'une petite quantité, en aurait une quantité double et triple. En un mot, celle qui aujourd'hui dépense en moyenne, mille francs par an en bijoux, pourrait alors n'en dépenser que cinq cents. Alors il arriverait une économie, si cependant la vanité et le luxe connaissent les bornes de la raison, il se ferait une économie dans les ménages au chef de la dépense dont nous parlons, et le père de famille se trouverait avoir fait, au bout de l'année, une épargne qui deviendrait un véritable capital, qu'il appliquerait à la reproduction de la richesse, et qui constituerait par conséquent une double demande de travail. C'est ainsi que, par un long circuit, dans une époque plus ou moins retardée, l'augmentation du capital de cette nature, pourrait, à la riqueur, réagir sur le taux des salaires. Mais, en tirer la conséquence que la loi qui régit le taux des salaires, en serait changée, je dirai que c'est une formule générale qui ne signifie plus rien par sa généralité; si vous y comprenez non-seulement les causes qui influent directement, mais celles qui peuvent influer indirectement, dans un temps plus ou moins éloigné, c'est là tomber dans le vague et dans l'incertitude. Il me semble entendre un pharmacien qui soutiendrait que les véritables lois qui influent sur la santé de l'homme, que les causes de la bonne santé physique de l'homme, sont de nombreuses inflammations, de nombreux dérangemens dans le corps humain, parce que, quand on est malade, on a recours à certains remèdes et parce que le quinquina, la belladonne, l'opium et toutes les autres marchandises de son office, rétablissent l'équilibre dans les fonctions du corps humain. Donc les causes, tout-à-fait indirectes, ne doivent pas entrer dans la formule directe et générale.

Cela m'amène à vous signaler une autre formule qui fait consister la loi régulatrice des salaires, entre le revenu et le nombre de travailleurs. Nul n'affirmera certes que ce soit un mal pour le travailleur, qu'un grand revenu dans la société dont il fait partie. C'est, à coup sûr, un bien dont il ressentira, tôt ou tard, quelque avantage. Mais quand on cherche la loi régulatrice du taux des salaires, encore une fois, ce ne sont pas des généralités que l'on prend. Il faudrait pour que la formule fût vraie qu'à chaque augmentation du revenu social, toutes choses égales, d'ailleurs, il y eût amélioration dans les salaires; si la formule est vraie, voilà quelle en doit être l'application.

Or, est-il vrai qu'à chaque altération dans le revenu général le taux des salaires change? Cela doit être si la formule est vraie; mais les faits prouvent que cela n'est pas, donc la formule n'est pas exacte, et je dis que les faits prouvent le contraire. On pourrait en citer en grand nombre, mais pour ne parler que d'un seul: Lorsque les propriétaires de certains grands domaines en Irlande et en Écosse, ont imaginé (faisant peut-être de l'écononomie politique, pure, mais non de l'humanité) d'expulser brusquement toutes les familles de travailleurs partiaires qui existaient sur ces terres, de supprimer toutes ces petites cultures, de raser toutes leurs petites cabanes, et de pousser toute cette population, comme un troupeau, au bord de la mer, pour couvrir ce même sol de moutons et en faire des pâturages et des bergeries, il est évident que le revenu général du pays a augmenté. Eh bien! le salaire a-t-il augmenté? non seulement il y a eu une quantité de travailleurs réduits à la misère, mais leur misère a réagi sur le salaire des autres. Et voilà pourquoi nous faisons cette observation qu'un manque d'équilibre même faible, entre les moyens de subsistance et le nombre des travailleurs produit une baisse.

Mais ici on nous fera la même observation que pour les diamans. Les diamans étant à bon marché font faire des économies, les économies font faire des épargnes, et les épargnes appellent les capitaux. Mais le propriétaire fait aussi des épargnes, le capital augmente et parconséquent les salaires augmentent. Il y a toujours là une question mixte, le vouloir et le pouvoir. Cette conséquence a bien pu arriver; mais quand? C'est ce que je ne puis dire; tôt ou tard, une fois ou l'autre. Mais quand les salaires seront remontés, quand le taux sera haussé? mais encore une fois peut-on dire qu'il a haussé parce que le revenu a augmenté? c'est encore une cause éloignée, indirecte. Les salaires auront augmenté parce qu'à une époque donnée il se sera trouvé sur le marché le nouvel élément qui devait nécessairement les faire augmenter, et qui était la quantité de travail à exécuter. Or, voyez le singulier raisonnement : C'est la quantité de travail à exécuter qui fait immédiatement hausser les salaires, et on nous dira que le salaire a augmenté par une opération qui diminuait par la quantité de travail à exécuter, parce que par une longue induction on peut arriver à concevoir que cette diminution de prix deviendra tôt ou tard une augmentation ! Ce sont donc comme vous voyez des formules qui sont plus propres à égarer la pensée qu'à la diriger vers les applications réellement utiles et immédiates.

Mais supposons maintenant que toute difficulté soit écartée sur le sens du mot : Capital, et qu'on prenne ce mot dans le sens rigoureux que nous y avons attaché : Machine. La formule sera-t-elle vraie? sera-t-il vrai que le capital augmentant, le salaire diminuera? sera-t-il vrai d'une manière générale, et par conséquent les machines étant essentiellement et par excellence le capital, la création, la découverte, l'introduction des machines et de nouvelles machines sera-t-elle une cause directe et nécessaire de l'augmentation des salaires? Si la formule est vraie, il faut que son résultat soit également vrai, car rien ne mérite plus, encore une fois, le nom de capital que la machine. C'est le capital par excellence, c'est véritablement là l'objet auquel le nom de capital devrait être réservé, c'est là le vrai travail accumulé qui sert à la production. Or, il est évident qu'il faut ici distinguer. Il est des machines qui font le travail de l'homme ; il en est, il peut y en avoir qui ne font pas ce travail. Mais lorsque les machines font effectivement le travail de l'homme, ou bien une grande partie de ce travail, l'ouvrier, disons-le, en général, en tire la conséquence logique la plus directe. Voilà cent ouvriers; arrive une machine qui fait le travail de quatre-vingt dix d'entre eux; donc il y en a quatre-vingt dix qui restent sans ouvrage, donc le nombre des ouvriers relativement à l'ouvrage à exécuter augmente, donc les salaires diminuent. Il n'y a pas de logique humaine qui puisse répondre à cet argument: Quand vous considérez le fait dans son application immédiate, instantanée, comment pourriez-vous arriver à une autre conséquence? Il est sûr que le jour de la découverte de l'imprimerie, les neuf dixièmes des copistes n'ont plus eu de travail; ils ont dû dans ce temps là être exposés à de grandes souffrances et, quoique essayant de faire autre chose pour vivre, ils ont dû réagir sur le marché comme un élément de baisse dans la main-d'œuvre.

Mais ici arrive le fait indirect. On vous dit : L'imprimerie aujourd'hui emploie bien plus de bras que les copistes n'en employaient auparavant. C'est une chose démontrée, de même qu'il est démontré que la production en travail de coton, par exemple, depuis l'invention de nouvelles machines, en Angleterre, s'est accrue à un tel degré, qu'il est presque fabuleux en l'énonçant; que la population travaillant en coton n'a donc pas diminué et a profité au contraire de la baisse survenue sur cette denrée qui sert à son habillement. Mais toujours est-il que c'est encore là un fait indirect, que le fait direct est trop souvent irrécusable, et que par conséquent, la formule qui reconnaît comme loi absolue des salaires la proportion entre le capital et le nombre des travailleurs, n'est pas une formule rationnelle, parce que, vous le voyez, il faut toujours avoir recours à des faits indirects pour le ramener à la vérité.

De même il est des machines qui non seulement font en partie le travail de l'homme, mais qui font quelque chose de plus, elles consomment ce que l'homme consommerait. Cela s'applique surtout aux machines animées, si l'on peut s'exprimer ainsi. J'ai parlé il y a un moment des spéculations agricoles dans lesquelles on a remplacé les hommes par des moutons. Eh bien ! de même quand vous remplacez des hommes par des chevaux, des bœufs, bref par des animaux à l'entretien desquels vous devez consacrer une partie du sol qui servait auparavant à l'entretien de l'homme, il y a alors là deux faits : l'un, une partie du travail accompli par ces machines, par ces animaux à la place de l'homme, plus une diminution sur le marché des denrées nécessaires à la vie, par conséquent une chance de renchérissement, une diminution du fond général des subsistances, qui ne peut être que contraire aux intérêts du travailleur. Vous me direz cependant : Le fait dont vous parlez est un des signes les plus certains du progrès et du développement social. A coup sûr, si nous étions encore à la bêche, la société française et toute autre société arrivée au même degré de civilisation, n'en seraient pas arrivées à ce degré de civilisation. Cela est vrai ; le ciel me préserve de faire cette observation pour dire qu'il faudrait détruire ces machines animées; moins encore pour nier ces faits très utiles à la richesse nationale qu'elles ont produit au bout d'un certain temps. L'introduction de ces machines a diminué le produit brut et augmenté le produit net. Or, c'est là la marche des sociétés qui se développent sous le point de vue de la richesse, c'est de viser au produit net sans s'embarrasser de la quantité du produit brut.

Mais les faits tournent immédiatement au préjudice de ceux qui vivent sur le produit brut. Prenons un fait historique : Il y a eu un temps où ce que l'on appelait un riche, un grand propriétaire, un seigneur, voulait avant tout avoir un grand nombre d'hommes à sa suite, un grand nombre d'hommes sur lesquels il pût exercer une influence. C'était là ce qui faisait sa force, ce qui établissait sa considération, ce qui constituait sa puissance. Eh bien ! dans cette position il s'occupait avant tout du produit brut. Il donnait à ces hommes des portions de terre, leur fesait des concessions, les nourrissait dans son palais ou dans son château. Tout ce qu'il voulait c'est qu'il y eût beauconp de blé, de bestiaux, de nourriture pour partager avec eux ; il se nourrissait à peu près aussi simplement qu'eux, cherchait la quantité plus que la qualité et n'avait pas besoin que son intendant vînt lui dire qu'il avait rempli ses coffres-forts. C'était le système féodal.

Plus tard ce n'est plus de ces élémens là qu'on a tiré force, considération, influence sociale, mais de la richesse proprement dite. Aujourd'hui ce n'est pas l'homme qui a cinquante, soixante personnes à son service, ou cinquante petits tenanmiers qui monteront à cheval à sa requête. Non, c'est l'homme qui a des millions en capitaux, et des centaines de mille francs en revenus, qui a pris la place de l'homme dont nous parlons plus haut. Aujourd'hui c'est une autre manière de voir la question; il faut du produit net, c'est-à-dire, dépenser le moins possible pour produire. Ainsi, lord Breadalbane faisait en Écosse l'opération dont j'ai parlé; cet homme qui portait un nom qu'on peut appeler antique en Écosse, faisait une chose dont ses ancêtres auraient frémi et qu'ils auraient regardée comme une folie; car ses ancêtres voulaient avoir leur clan à leur commandement, c'était là leur force, leur considération. Que faisaient à ses ancêtres et les moutons, et les pâturages, et la question de l'intendant arrivant avec mille livres sterling de plus ou de moins? Les temps ont changé, les vieilles idées sont passées de mode. Ce qu'a voulu le lord écossais, c'était d'être un riche personnage à Londres; ce qu'il voulait, c'est qu'au bout de l'année son intendant lui envoyât de fortes remises sur son banquier. Alors il a eu raison de faire ce qu'il a fait, parcequ'il avait besoin du produit net de ses biens et n'avait pas besoin du produit brut. Mais encore une fois, le ciel nous préserve de nous élever contre les faits généraux, ni de méconnaître les avantages qu'en définitive il revient pour tout le monde du progrès! mais tout ce que nous soutenons, c'est qu'on a tort de formuler ainsi la loi régulatrice des salaires, car pour formuler exactement, il faut formuler de manière que chaque altération s'explique immédiatement et non d'une manière indirecte ou détournée.

Ainsi donc, il est parfaitement vrai que l'augmentation du capital peut n'être d'aucune influence sur le salaire, en prenant le mot capital, soit dans le sens général, soit dans le sens particulier. Il est également vrai que les machines ont influé défavorablement sur les salaires immédiatement, et que le fait n'a lieu que d'une manière indirecte plus ou moins lente, plus ou moins rapide et suivant la marche de la richesse. Mais pour que la formule fût vraie, il faudrait que le capital restât le même, le salaire augmentant. Le contraire arrive, et quand le contraire de ce contraire arriverait aussi, ce n'est pas une raison pour admettre cette formule qui est contraire aux faits immédiats, et qui ne s'applique qu'aux faits postérieurs.

Ceci relève également une autre erreur plus vulgaire et plus commune. Les salaires, dit-on, répondent à la consommation; plus on consomme, plus les salaires sont élevés, et par conséquent plus les riches dépensent, plus les salaires montent; par conséquent encore, il n'y a rien de plus utile aux ouvriers que le luxe, et de là cette pensée de regarder en quelque sorte les riches dépensiers comme les bienfaiteurs de la société, et de croire que l'homme qui, n'ayant que cent mille francs de rentes, les dépenserait tous en dépenses de pur plaisir, en luxe, en chevaux, en équipages, en dorures, en fêtes, bals, danses, etc., que cet homme serait un bienfaiteur de la société. Messieurs, cet homme peut être son propre bienfaiteur à lui, s'il aime beaucoup les plaisirs, et nous n'avons à cet égard aucune observation à faire. Mais quant à la question qui nous occupe, il n'y a là qu'une erreur.

Sans doute, qu'un homme riche donne ce soir un bal pour lequel il dépensera un million, il y aura un certain nombre d'ouvriers qui gagneront peut-être quelque chose de plus qu'hier ou demain, parcequ'il y a là un fait particulier, une demande instantanée de travail, et comme elle est instantanée, il n'y a pas assez de temps pour que la masse des ouvriers se proportionne ; mais qu'est-ce que ce fait éventuel ? quel poids a-t-il dans la question générale de la loi des salaires ? Aucun. Singulier raisonnement : quand on vous parle des machines, on vous dit : L'effet indirect, c'est d'augmenter les salaires; cela est vrai. Quand on vous parle du capital, on nous dit : Mais l'effet direct ou indirect c'est d'augmenter les salaires ; cela est encore vrai ; mais ici on ne veut plus songer aux effets indirects. Quel est l'effet immédiat des dépenses ? C'est la destruction d'une grande quantité de richesses ; c'est une consommation d'une grande quantité de richesses qui ne sont plus employées à la reproduction de la richesse ; pour se faire une idée exacte de ces opérations et du ridicule des éloges dont on se plaît quelquefois à les environner, placez à côté l'un de l'autre deux hommes ayant le même revenu, 100,000 francs chacun, par exemple. L'un dépense 20, 30, 40,000 francs pour lui et sa famille, pour ses besoins, pour son entretien ; il lui en reste 60,000. Ces 60,000 francs qu'il épargne, il en fait un capital productif et avec ce capital productif il demande, sur le marché, du travail et par conséquent des travailleurs. Que ce soit lui qui le fasse, que ce soit un autre à qui il confiera ses épargnes, peu importe.

L'autre dépense ses 100,000 francs en chevaux, en vins de Champagne, en ce que vous voudrez. Eh bien! il a fait travailler un certain nombre d'ouvriers? Cela est très vrai, mais le premier, en employant ses 60,000 francs, a consommé comme l'autre; seulement il a consommé productivement, et l'autre aura consommé improductivement. Pour que l'un fût plus utile que l'autre, voici ce qu'il faudrait imaginer : que celui-là fait appel sur le marché pour 100,000 francs; l'autre pour 40,000 francs, et que, pour le surplus, il va l'enfouir dans son jardin. Alors il aura tort; mais si au lieu d'aller enfouir dans son jardin les 60,000 francs qu'il a épargnés, il les place en production, il a le même mérite que l'autre, mais avec cette différence que le premier fait un appel de 100,000 francs une fois, et que l'autre renouvelle son appel ; de sorte que la différence peut se comparer à un bataillon qui se présente à l'ennemi et fait feu sur lui, mais tous les hommes qui le composent restent sur le carreau. L'autre se bat avec un égal courage, il survit et le jour après il est prêt à recommencer le combat. Maintenant doit-on dire que le premier est plus sage que le second? Mais non, Messieurs, ce sont des erreurs sur lesquelles on a presque honte d'insister; mais comme on les entend répéter tous les jours, encore faut-il pourtant les appeler par leur nom. La dilapidation, sous quelque nom qu'on la cache, peut être fort agréable, mais elle n'est pas utile à la société et moins qu'à personne aux travailleurs, précisément à ces hommes auxquels on prétend qu'elle est si éminemment utile et qu'on habitue ainsi à ne voir que le moment présent et à fermer les yeux sur l'avenir. Et quel est l'homme qui pour voie mieux à l'avenir que celui qui fait appel aux travailleurs, en épargnant, en conservant des capitaux qui grossissent tous les jours et qui parconséquent tous les jours demandent des travaux nouveaux? Car nous approcherons alors de la formule : la loi des salaires est la proportion entre la quantité d'ouvrage à exécuter et le nombre des travailleurs. Or, plus il y a d'épargnes vouées à la reproduction, plus il y a d'ouvrage à exécuter, et par conséquent, plus il y a de demandes de travail et de travailleurs, plus, toutes choses égales d'ailleurs, les salaires augmentent. Cette formule elle-même a besoin d'être approfondie.

Demandons-nous maintenant quelles sont les causes qui influent directement sur la quantité d'ouvrages à exécuter par le travail de l'homme; quelles sont les causes qui influent directement sur le nombre des travailleurs, et comment on peut arriver à établir l'équilibre utile à la population entre les deux élémens; et, cet équilibre troublé, quels sont les moyens de le rétablir ? Ce sont là, Messieurs, les grandes questions qui nous restent à résoudre, et pour lesquelles je réclamerai votre attention dans la leçon prochaine.

HUITIÈME LEÇON.

10 mai 1836.

MESSIEURS,

Le taux des salaires est en raison directe de la quantité d'ouvrage à exécuter, et en raison inverse du nombre des travailleurs : en d'autres termes, plus l'ouvrage à exécuter est grand, moins le nombre des travailleurs pour l'exécuter est considérable, et plus le taux des salaires tend à s'élever, et *vice versâ*, moins il y a d'ouvrage à exécuter, plus est grand le nombre des travailleurs qui se présentent, et plus les salaires tendent à baisser. C'est là un fait général, une loi économique, dont le simple bon sens démontre la vérité et la justesse; c'est une loi que nous pouvons vérifier par l'observation la plus facile, à chaque instant, tous les jours, dans quelque pays que ce soit. C'est en même temps l'expression qui nous aidera, plus que tout autre, à pénétrer dans les causes légitimes qui déterminent ce fait, ce résultat général.

Vous savez que, dans les sciences d'observation, on appelle lois, les faits, les résultats généraux. Ainsi donc, c'est là la loi régulatrice des salaires; et comme la première preuve du progrès d'un pays, la première preuve d'une civilisation croissante à nos yeux, c'est la tendance des salaires à la hausse, cette loi économique est en même temps une mesure, une sorte de thermomètre, dans son application, de la marche sociale d'un pays donné. Là où les salaires tendent à la baisse, à moins que ce soit un fait accidentel, passager, un malheur quelconque, là où les salaires tendraient habituellement à la baisse, ou seraient dans une baisse stationnaire, il y a marche également rétrograde, ou, pour le moins, il y a état stationnaire en fait de civilisation; car cela veut dire, impossibilité pour une grande partie de la société de s'élever d'abord dans le domaine des jouissances matérielles, puis dans celui des jouissances morales, et par conséquent dans l'échelle du développement intellectuel.

Là, au contraire, où les salaires tendent à la hausse, l'effet contraire se vérifie; l'expérience, l'observation exacte même, nous prouvent que chaque hausse de salaire, si elle n'a pas été tout-à-fait éphémère et fugitive, a toujours déposé en quelque sorte dans le sein de la nation où ce fait est arrivé, des germes de développement, de civilisation croissante, parce que cette hausse de salaires a donné les moyens aux classes travail-

www.ingramcontent.com/pod-product-compliance
Ingram Content Group UK Ltd.
Pitfield, Milton Keynes, MK11 3LW, UK
UKHW021309190726
13839UKWH00007B/554